Mallorca

Auf den Spuren von Georg Sand und Frédéric Chopin

Hans-Jürgen Gaudeck

Mallorca

Auf den Spuren von Georg Sand und Frédéric Chopin

Hans-Jürgen Gaudeck

Die Deutsche Nationalbibliothek verzeichnet diese Publikation in der Deutschen Nationalbibliografie; detaillierte Daten sind im Internet über http://d-nb.de abrufbar.

ISBN 978-3-88372-420-1

© Klaus Becker Verlag, Potsdam 2024
Neue Dorfstraße 8, 14469 Potsdam
www.klaus-becker-verlag.de

Druck und Bindung:
Books on Demand GmbH

Printed in Germany

Vorwort

Georg Sand schrieb um 1838 in ihrem Buch »Ein Winter auf Mallorca«: »… *Heute allerdings kann ich sagen: es ist etwas dran, denn Mallorca ist für den Maler eines der schönsten Fleckchen auf dieser Erde und eines der am wenigsten bekannten. Doch wo es nur bildhafte Schönheit zu schildern gibt, versagt die Feder, so daß ich nicht einmal versucht habe, sie in Worte zu fassen. Nur Zeichenstift oder Sichel können uns die Herrlichkeit und Anmut der Natur offenbaren.*«

Heute zählt Mallorca zu einer der bekanntesten Inseln, touristisch fast schon überlaufen. Jedoch bietet diese Insel noch so viel Stille, Harmonie und Schönheit, dass es für mich als Maler immer wieder Entdeckungen gab, die mich spontan veranlassten, die von Georg Sand beschriebene Herrlichkeit und Anmut zu suchen und auf Papier zu bannen. Dazu waren meine Aquarellfarben wieder wunderbare Ausdrucksmittel, die Schönheit, die mir überall auf meinen Wanderungen durch die so abwechslungsreichen Landschaften Mallorcas begegnete, festzuhalten. Stellte wieder fest, wie ideal die Aquarelltechnik ist, auch das Licht dieser Landschaften und Orte aufzunehmen. Das Spiel mit der Transparenz der Aquarellfarbe und dem Wasser bringen die Motive zum Leuchten.

Ausgangspunkt meiner Streifzüge über die Insel war das Weingut *Possessio Binicomprat*, das sich seit 1511 im Familienbesitz befindet und zum alten mallorquinischen Landadel gehört. Es liegt am Fuß des Berges Randa, umgeben von einem 130 Hektar großen Pinien- und Eichenwald.

Allein die Umgebung des Weingutes bietet landschaftliche Schönheit: Weinreben mit ihren im Herbst so leuchtenden Blättern, markante Steinmauern, durchwachsen mit uraltem Wurzelgeflecht, bizarr gewachsene Feigenbäume und in der Ferne die zarten Linien des Tramuntanagebirges.

Wie schon anfangs von Georg Sand beschrieben, sollen vor allem die gemalten Bilder von der Schönheit Mallorcas erzählen. Die beigefügten Texte bilden den Erklärungshintergrund, wo diese Bilder entstanden sind. Auszüge aus Georg Sands »Ein Winter auf Mallorca« begleiten das Buch.

Es ist eine gemalte Reise, um diese so einmalige mediterrane Inselwelt mit seinen Farben und dem Licht aufzufangen.

Hans-Jürgen Gaudeck

Auf dem Weingut

Mache mir wieder zur Gewohnheit, den ersten Tag meines Aufenthalts im Possessio Binicomprat die nahe Umgebung zu erkunden, Stimmung, Farben der Landschaft aufzunehmen.

Oktober, Herbstzeit.
Hinter dem Gebäude des Possessios dehnen sich in gerader Linie die Rebstöcke aus. Leichter Nebel liegt über dem sieben Hektar großen Weingut. Die Blätter der Rebstöcke nehmen schon das dunkle Rot des Herbstes auf. In der Weite der Landschaft zeichnet sich das Wellental des Serra Tramuntana-Gebirges ab.
Lasse mir von der Familie Oliver Moragues erklären, dass die Rebstöcke nach dem Prinzip des ökologischen Landbaus bearbeitet und per Hand gepflegt werden. Das Gut entstand um 1229. Das Haus war damals im Eigentum des Tempelordens und wurde ab 1511 von der Familie Oliver Moragues übernommen. Alles strahlt eine stilvolle und in sich ruhende Atmosphäre aus. Versuche, den ersten Tag hier mit meinen Bildern festzuhalten.

Steinmauern

Auf meinen Spaziergängen auf dem Weingut stoße ich häufig auf interessante Steinmauern, die als Grundstücksbegrenzungen gedacht sind. Es sind Trockenmauern, die ohne Mörtel gehalten werden. Haben wohl Ewigkeitscharakter. Bei näherem Hinsehen erscheinen sie mir als durchaus fachgerechte Mauerwerke. Ließ mir berichten, dass es sogar seit 1986 in Soller eine Trockenmauer-Schule gibt.

Für mich als Aquarellist wieder ein des Malens wertes Motiv: Steine unterschiedlicher Strukturen, überwiegend braun und blaugraue Töne, von kleinen Wurzelgeflechten in den Steinlücken besetzt. Alles bildet eine geschlossene stabile Linie, die weit ins Feld hinausläuft.

Feigenbäume

Für mich ist der Feigenbaum neben dem Olivenbaum einer der urigsten Bäume. Auch hier unweit des Weinguts entdecke ich eine Vielzahl von Feigenbäumen, die sich auf Feldern und an Wegrändern angesiedelt haben.
Jetzt im Herbst ohne Laub, jedoch als filigrane Baumstrukturen in der Weite der Landschaft erkennbar.
Der Baum ist enorm widerstandsfähig und bedarf wohl kaum Pflege.
Ich greife gerne im Winter auf die Trockenfrüchte zurück und genieße die weiche Fruchtsüße.

Male mehrere Baumsequenzen. Ein reizvolles Motiv mit seinem jetzt im Herbst ohne Grün geöffneten Ästen und in ein bizarres Kunstwerk verwandelt.

Algaida

Mein erster Ausflug vom Weingut aus führt mich zum nächstgelegenen Ort, Algaida. Wandere an hochgewachsenen Sträuchern und bizarren Johannisbrotbäumen vorbei, die am Rand der schmalen Zugangsstraße zum Ort wachsen. Hinter den ersten Häusern öffnen sich Felder inmitten vereinzelter Bauerngehöfte. In weiter Ferne zeichnen sich Pinienwälder ab. Komme dem Ort näher. Aus dem Grün vereinzelter Palmen schaut die gotische Pfarrkirche San Pedroy Pablo hervor. Setze mich auf eine Steinmauer und nehme mit schnellen Pinselstrichen dieses Motiv auf.

Nach mehreren Anläufen durch die verwinkelten Gassen des 4000 Einwohner zählenden Ortes entdecke ich den Marktplatz und die Kirche. Kirchen sind für mich immer lohnende Bauwerke, die zum näheren Betrachten einladen.
Auch hier an dieser Kirche aus dem 14. Jahrhundert fällt mir wieder ein interessantes Detail auf: am Kirchendach lassen drachenfigürliche Wasserspeicher den Regen ablaufen.

Empfinde, dass dieser Ort inmitten der sanften Hügellandschaft zeitlose Ruhe ausstrahlt. Sehe selbst auf dem Marktplatz kaum Menschen. Das Farbbild der Häuser überwiegend in Ocker und rötlich braun. Wenige Öffnungen an den Hausfassaden weisen auf Verschlossenheit nach außen hin.

Vielleicht liegt hier jedoch ein Irrtum vor, der aus der Sicht eines Fremden wie mich entsteht. Es gibt sicherlich Anlässe, die das Leben nach außen öffnen, wie zum Beispiel die Wallfahrt zu Sant Pere i San Pau, an der vor der Kirche reges feierliches Treiben beim »Brot der Barmherzigkeit« stattfindet.

Sonnenuntergang vor Algaida

Regentag. Versuche, den Tag in Palma zu verbringen, um mir einige Ausstellungen und die Kathedrale La Seu intensiver anzusehen.

Stelle fest, dass der Tourismus – hier nun vom Regen besonders inspiriert – die Stadt blockiert. Mehrere Anläufe, mit dem Auto einen Parkplatz zu finden, bleiben erfolglos. Ziehe mich somit wieder in die Wärme und die stilvollen Räume des Weinguts zurück, um auch noch mal in Georg Sands Buch »Ein Winter in Mallorca« einzutauchen. Bewundere die Ornamentik des achtzehnten Jahrhunderts in der im Hause des Weinguts befindlichen Kapelle.

Am späten Nachmittag verabschiedet sich der stundenlange Regen. Verschaffe mir noch ein wenig Bewegung in den von Olivenbäumen und Kräutern umgebenden Garten im Übergang von Licht zur Dunkelheit.
Die Frische des Abends und des abziehenden Regens liegt über der Weite der Felder. Die Gebirgszüge des Tramuntana verlieren sich im Dunst.

Und dann entwickelt sich in Richtung Algaida ein Sonnenuntergang, der mit Worten nicht beschreibbar ist. Die abziehenden Regenwolken öffnen sich ständig zu wechselnde Licht- und Farbspielen. Der Kirchturm von Algaida ragt wie ein Leuchtturm am Meer aus dem Dunkel der Felder.

Randa

Der heftige Dauerregen des Vortags hört zwar auf, jedoch ein leichter Nieselregen zieht sich über die Landschaft, so dass ich mich auch heute nicht weit vom Weingut entfernen möchte.

Besuche das in der Nähe liegende Randa. Ein kleiner Ort, der unterhalb eines über 500m hohen Tafelberges liegt. Oberhalb befindet sich eine sehenswerte Klosteranlage, die ich schon vor Jahren im Frühjahr besichtigte. Von hier oben hatte ich einen Blick über die grün-ockerfarbige Weite, die nur vom Tramuntana-Gebirge aufgehalten wird.
Das heutige Regenwetter hält mich jedoch diesmal vom Aufstieg ab.
Eine kleine Seitengasse im Ort führt mich zu einem Gehöft, das von einer stolzen Pinie beschützt wird. Trotz des trüben Tages strahlt dieses Bild eine solche Wärme und Klarheit aus, dass es sich lohnt, von einer geschützten Stelle aus zu aquarellieren.

Serra de Tramuntana

Das Wetter klart auf. Vom Weingut aus zeichnet sich eine glasklare Sicht auf die Berge der Serra de Tramuntana ab. Was bisher dunstig, trübe und in weiter Ferne erschien, kommt mir nun plastisch nahe vor. Nur noch einige Wolkenfetzen ziehen über den Kamm der Berge. Die weite leicht hügelige Fläche vor dem Gebirge leuchtet in einem satten regenfeuchten Grün, das vom hellen Blau des Himmels intensive Farbtiefe erhält. Kleine Gehöfte mit ihren rotbraunen Dächern liegen eingebettet zwischen Pinien und Palmen.

Die bizarre Felsformation der Serra de Tramuntana macht neugierig. Werde mich am nächsten Tag in Richtung Valldemossa aufmachen und das Tramuntana-Gebirge näher erkunden.

Hier vom Weingut aus versuche ich noch dieses Bild des abziehenden Wetters mit meinen malerischen Mitteln festzuhalten. Augenblicke, die diese so beeindruckende Landschaft ständig verändern.

Auf dem Weg nach Valldemossa

Die kurvenreiche Straße lässt mich kaum die grandiose Gebirgslandschaft der Serra de Tramuntana bewundern. An einigen Streckenabschnitten bieten sich jedoch Möglichkeiten zum Halten an, um in die tiefen Schluchten zu blicken. Licht, Vegetation und Himmel hier in ständiger Veränderung.

Auf weiterem Streckenabschnitt in Richtung Valldemossa verstecken sich hinter Olivenhainen, Gruppen von Platanen und Feigenbäumen terrassierte Gärten. Nehme mir Zeit für eine Malpause vor einem verwunschenen Anwesen, das mit seinem Gemäuer zwischen riesigen Platanen durchleuchtet. Bizarr das metallische Gartentor, nicht hoch, jedoch optisch eintrittsverwehrend. Dahinter wieder eine fast undurchdringliche grüne Wand. Wer mag hier residieren? Auch mein Aquarell lässt eine Antwort nicht zu.
Und vielleicht ist das auch der Reiz des Augenblicks.

Valldemossa

Besuchte Valldemossa vor Jahren in den Wintermonaten, so wie Georg Sand und Frederic Chopin zu dieser Jahreszeit. Empfand damals dieses Bergdorf ruhig und noch überwiegend unter sich.

Georg Sand schrieb in ihrem Buch „Ein Winter in Mallorca" zu Valldemossa:
»*Das Dorf Valldemossa, das stolz auf sein Stadtrecht aus der Araberzeit ist, liegt im Schoße der Berge auf gleicher Höhe mit der Kartause, deren Anhängsel es zu sein scheint. Wie eine Kolonie von Nestern der Seeschwalbe klebt es kaum zugänglich am Berg, und die Männer, meist Fischer, gehen frühmorgens fort, um erst spät am Abend heimzukommen. Tagsüber wimmelt das Dorf von den geschwätzigsten Weibern der Welt, die auf der Schwelle ihres Hauses sitzend damit beschäftigt sind, Netze oder die Hosen des Mannes zu flicken, und dabei aus vollem Halse singen. Sie sind so fromm wie ihre Männer, aber ihre Frömmigkeit ist weniger intolerant, weil sie echter ist. Darin sind die Frauen hier wie überall sonst dem anderen Geschlecht überlegen. Im Allgemeinen ist der weibliche Hang zum Kirchenbesuch eine Angelegenheit der Schwärmerei, der Gewohnheit oder der Überzeugung, während bei Männern Ehrgeiz und der Vorteil die Hauptrolle spielen.*«

Georg Sand: »Ein Winter auf Mallorca«

»In unserer Nähe war die gesamte Bebauung des Landes auf den fruchtbaren Hängen in Form von Stufen angelegt, die sich in regellosen Formen um die Hügel ziehen. Diese Terrassenkulturen finden sich in all den Teilen der Insel, die ständig von Regengüssen und dem plötzlichen Anschwellen der Bäche bedroht sind; sie eignen sich besonders für Bäume und verleihen der Landschaft das Aussehen eines hervorragend gepflegten Obstgartens.
Ein Stück unterhalb unseres Landhäuschens teilte sich der Bach in mehrere Zweigläufe und schien sich in der Ebene zu verlieren. Die Oliven- und Johannisbrotbäume breiteten ihre Äste über die bestellten Äcker; es sah wie Wald aus. Auf den Buckeln am Rande dieser Baumzone standen Gehöfte, die zwar großartig in der Anlage, aber winzig in den Abmessungen waren. Man kann sich nicht vorstellen, wie viele Scheunen und Schuppen, Ställe, Höfe und Gärten ein Bauer auf einem Morgen Land unterbringen kann und mit wieviel Geschmack und Phantasie er sie unbewußt anordnet.
Das Farbenspiel von all dem ist prächtig, und das hübsche Bild wird oft durch eine einzelne Palme vervollständigt, die im Hof ihren gefiederten Schirm aufspannt oder sich von der Seite her der Häusergruppe grüßend zuneigt wie ein edler Federbusch.«

Olivenbäume

Die ersten urwüchsig knorrigen Olivenbäume sah ich auf Kreta. Viele Aquarelle entstanden daraufhin. Es wurden meine Bäume, die durch Wasser- und Farbverläufe ihre Zeichnung erhielten. Fast zeitlose Baum-Skulpturen.

Hier in der trockenen und kalkhaltigen Serra de Tramuntana um Valldemossa haben diese Bäume ihren idealen Boden, um sich in ihrer ganzen Formenvielfalt zu entwickeln.

Georg Sand: »Ein Winter auf Mallorca«

»Man behauptet auf der Insel, es gebe keine Pflanzung von Olivenbäumen, die nach der Römerzeit angelegt wurde. Da ich das Gegenteil nicht beweisen kann, will ich das nicht anzweifeln. Im Übrigen habe ich nicht die geringste Lust dazu, denn bei dem unheimlichen Aussehen, dem regellosen Wuchs und der grimmigen Gebärde dieser geheimnisvollen Bäume hat meine Phantasie sie ohne weiteres als Zeitgenossen Hannibals anerkannt. Beim abendlichen Spaziergang muß man sich immer wieder ins Gedächtnis zurückrufen, daß es Bäume sind. Traute man nämlich seinen Augen und seiner Einbildung, würde einen inmitten dieser wunderlichen Unholde das Grauen packen: manche krümmen sich wie mächtige Drachen mit aufgerissenem Maul und gespreizten Flügeln; andere sind in sich selbst verschlungen wie schlafende Riesenschlangen; wieder andere umklammern sich wie zyklopische Ringkämpfer. Bald entführt ein galoppierender Zentaur eine häßliche Vettel auf seiner Kruppe; bald verschlingt ein namenloses Reptil ein zuckendes Reh; etwas weiter tanzt ein Satyr mit einem Ziegenbock, der weniger häßlich ist als er. Und oft ist es ein einziger rissiger, knotiger, krummer, verwachsener Baum, den man für eine Gruppe von zehn verschiedenen Bäumen hält; er ganz allein verkörpert diese verschiedenen Ungetüme und fügt sie in einem einzigen Kopf zusammen, der gräßlich ist wie der eines indischen Götzen und einen einzelnen grünen Zweig als Helmzier trägt.

Um die überwältigende Gestalt dieser heiligen Bäume, von denen man jeden Augenblick prophetische Stimmen zu vernehmen erwartet, und den funkelnden Himmel als Hintergrund für ihre scharfen Silhouetten wiederzugeben, bedarf es zumindest des kühnen und großzügigen Pinsels eines Théodore Rousseau. Die klaren Wasser, in denen sich Goldwurz und Myrthe spiegeln, würden Jules Dupré erfordern. Der strenge Corot hingegen würde sich von kunstvoll gegliederten Szenen angesprochen fühlen, wo sich die Natur trotz ihrer Freiheit nur aus koketter Laune heraus klassisch und hoffärtig zu gebärden scheint. Um jedoch den köstlichen Wirrwarr aus einer ganzen Welt von Gräsern und Wildblumen, verrotteten Baumstämmen und tränenden Girlanden als Rahmen der geheimnisvollen Quelle darzustellen, in der Störche ihre langen Beine netzen, hätte ich am liebsten Paul Huets Radiernadel als Zauberstab in meiner Tasche verfügbar.«

Jardines de Alfabia

Besuche wieder den Garten von Alfabia. Leicht dunstiger Herbsttag. Das Blau des Himmels gibt dem subtropischen Garten sein Licht.
Eine fast tausendjährige Geschichte erzählt von dem Garten eines ehemaligen arabischen Gutsbesitzers. Grün in allen Schattierungen ist hier die Grundfarbe. Wasserspiele begleiten die Stimmung des Gartens.
Hier wird wieder offenbar, dass für den Islam Grün die wesentliche Grundfarbe wurde, da es in der Wüste an Grün mangelte und die Karawanen sich nach Wasser sehnten.

Der Jardines de Alfabia wirkt auf mich wie ein Zauber, man vergisst die vergängliche Zeit. Nur die Harmonie der Natur umgibt mich. Glaube, dass hier das Malen mit Wasser und Farbe ideales Mittel ist, um den Zauber des Gartens aufzunehmen. Das Landhaus hinter der aufsteigenden Steintreppe wirkt nur schemenhaft. Bildbestimmend sind die Dattelpalmen im Hauch des Windes. Erinnerungen an eine Reise durch Oman werden wach.

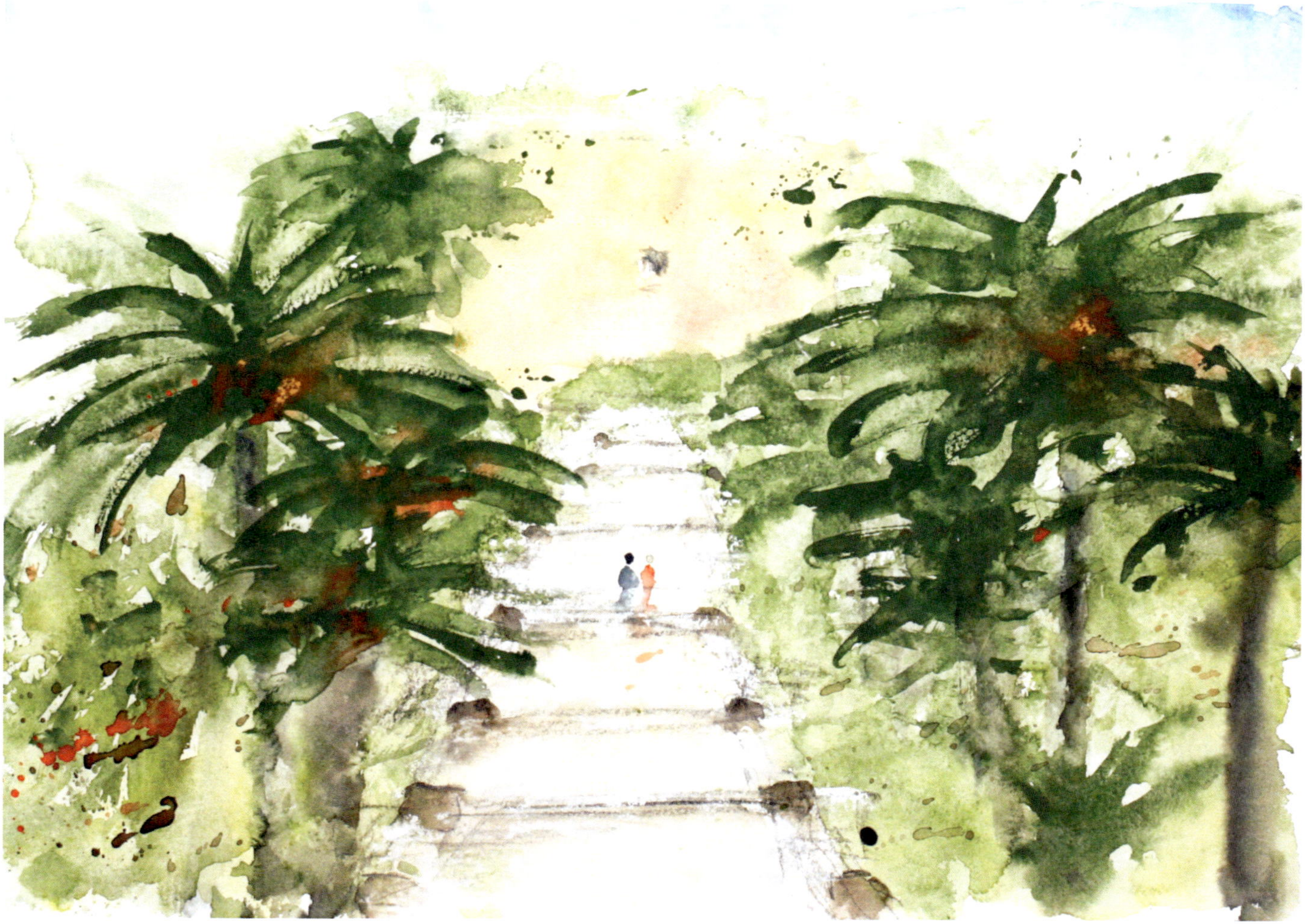

Georg Sand: »Ein Winter auf Mallorca«

»Über die Dezembermitte machten wir uns an einem klaren Morgen bei strahlender Herbstsonne nach Valdemossa auf dem Weg, um unsere Kartause in Besitz zu nehmen. Als wir die fruchtbare Ebene von Establiments hinter uns gelassen haben, erreichten wir jenes wechselhafte Gelände, bald waldig, bald felsig-trocken und dann wieder feucht und frisch, wie von unsichtbarer Hand durcheinandergewürfelt. Ausgenommen einige Täler der Pyrenäen hat sich die Natur mir gegenüber niemals so freigebig in ihren Erscheinungsformen gezeigt wie in diesem mallorquinischen Buschland, das eine recht beträchtliche Fläche bedeckt und die prahlerische Behauptung der Mallorquiner Lügen zu strafen scheint, sie hätten den gesamten Boden der Insel mit höchster Vollkommenheit kultiviert. Ich dachte nicht daran, ihnen deswegen böse zu sein, denn nichts ist schöner als solche verwilderten Gegenden: verkrümmte, verbogene, zerzauste Bäume, Moos- und Binsenteppiche, stachelige Kapernbüsche, zarte und bezaubernde Asphodelen.
Alles nimmt Formen an, wie sie dem Schöpfer gerade in den Sinn kamen: ein Tobel, ein Hügel, ein steiniger Pfad, der unvermittelt an einem Abgrund endet, ein Weg im Grünen, der sich arglistig in einem Bach verliert, eine Wiese, die den Wanderer erst freundlich einlädt und ihm dann eine steile Felswand vor die Füße setzt, Gehölze mit Felsbrocken übersät, das man meinen könnte, sie wären vom Himmel gefallen, Hohlwege entlang dem Gießbach, umwuchert von Myrte und Geißblatt, und schließlich ein Bauernhof, hingeworfen wie eine Oase mitten in diese Wüste mit seiner Palme gleich einem Wachtturm, der den Wandersmann durch die Einsamkeit geleitet.«

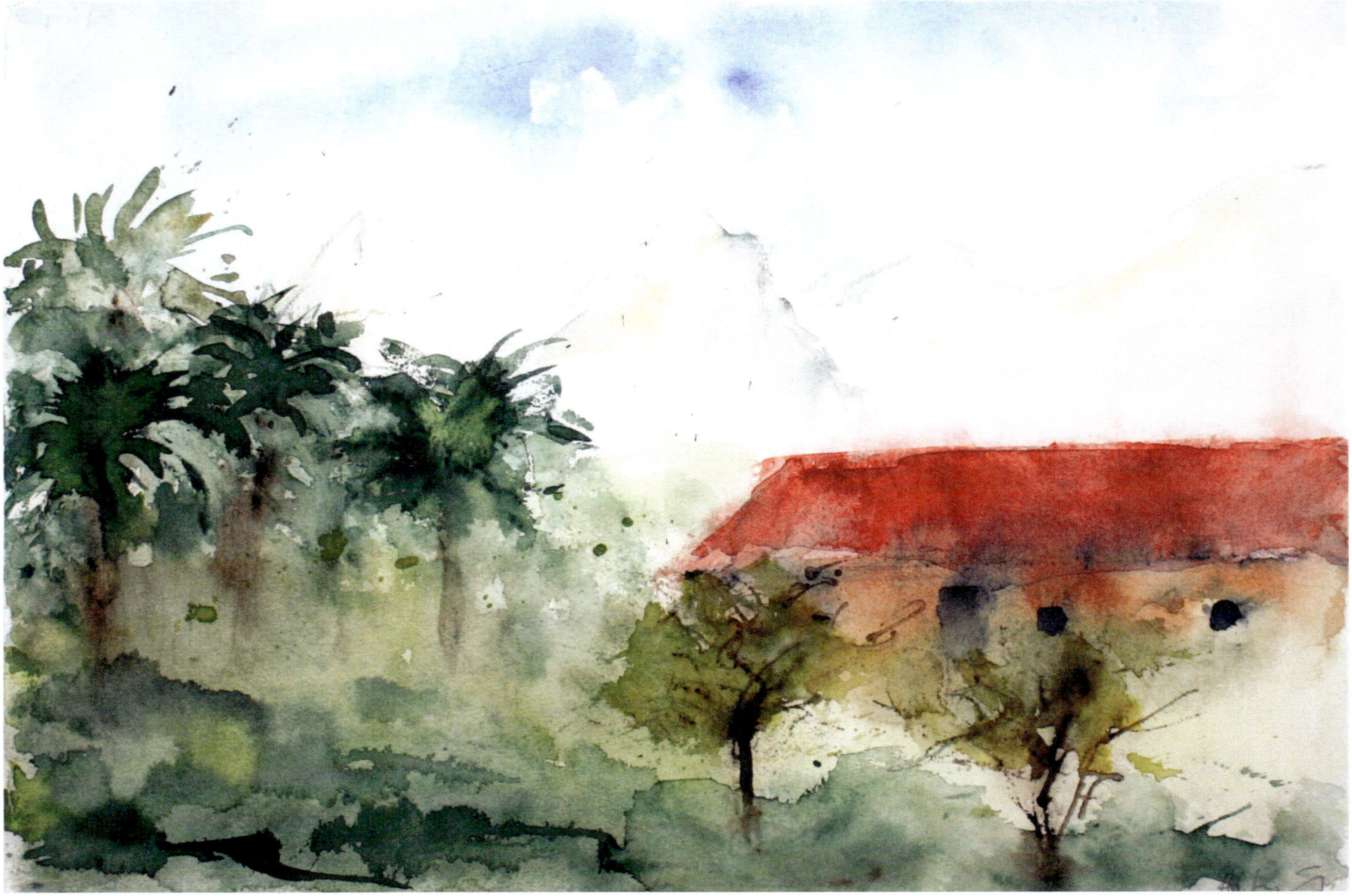

Inmitten der Tramuntana

Nehme hinter Alfabia die Serpentinenstraße in Richtung Soller. Mache häufig Halt, sofern die Kehren es zulassen. Jeder Aussichtspunkt bietet bizarre Felsformationen. An den Berghängen und vor allem in der Tiefe der Schluchten breitet sich üppige Vegetation aus. Markante Pinien und Palmen geben dieser so urwüchsigen, fast tropischen Landschaft ihr Gesicht.
Dazwischen tauchen terrassierte Gärten auf, die Schutz und Wärme in den Talsenken finden.

Wieder so ein emotionaler Augenblick, der mich beim Betrachten dieser so beeindruckenden Landschaft zum Aquarellieren verführt.

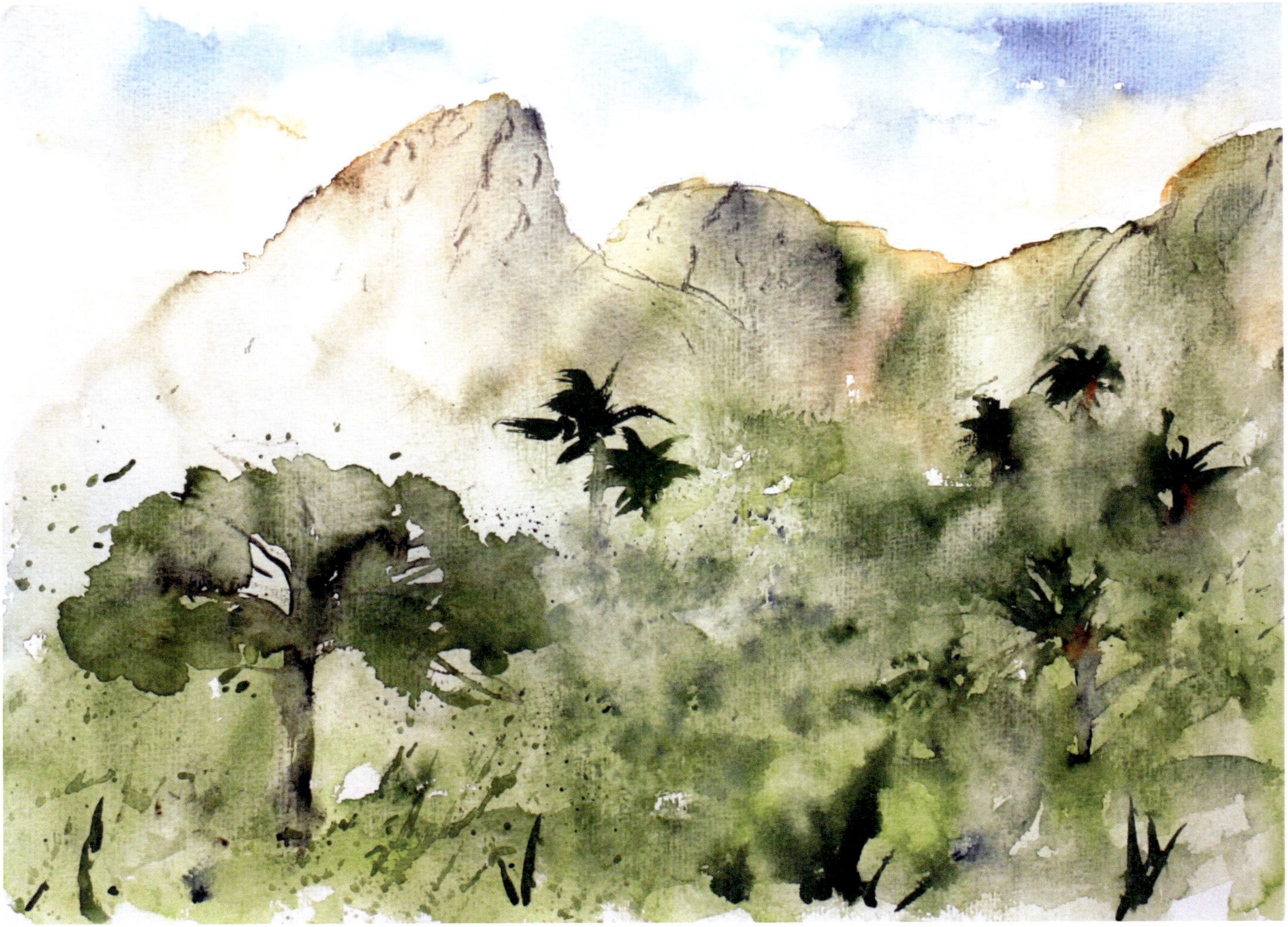

Der Duft der Orangen

Eine reizvolle Möglichkeit, den Duft und den Anblick von Orangen intensiv aufzunehmen, ist immer wieder die Eisenbahnfahrt nach Soller. Steige nach dem Besuch der Gärten von Alfabia in den sogenannten »Roten Blitz«, der Ferrocarril de Soller, ein. Über steiles Gelände des Tramuntana-Gebirges fährt die Bahn so langsam, dass ich von meinem Sitz die so eindrucksvollen Landschaften in Aquarell festhalten kann.

Berauschend dann das Tal von Soller mit seinen unzähligen Orangen- und Zitronenbäumen. Steige in Soller in eine nostalgische holzgetäfelte Straßenbahn ein, die in Richtung Port de Soller fährt. Während der Fahrt strömt der aromatische Duft der Orangen in den geöffneten Wagen. Diese auch »Orangen-Express« genannte Bahn fährt fast zum Greifen nahe an den Orangenplantagen vorbei. Ein unvergleichlicher Duft des Südens, den ich malerisch mitnehme.

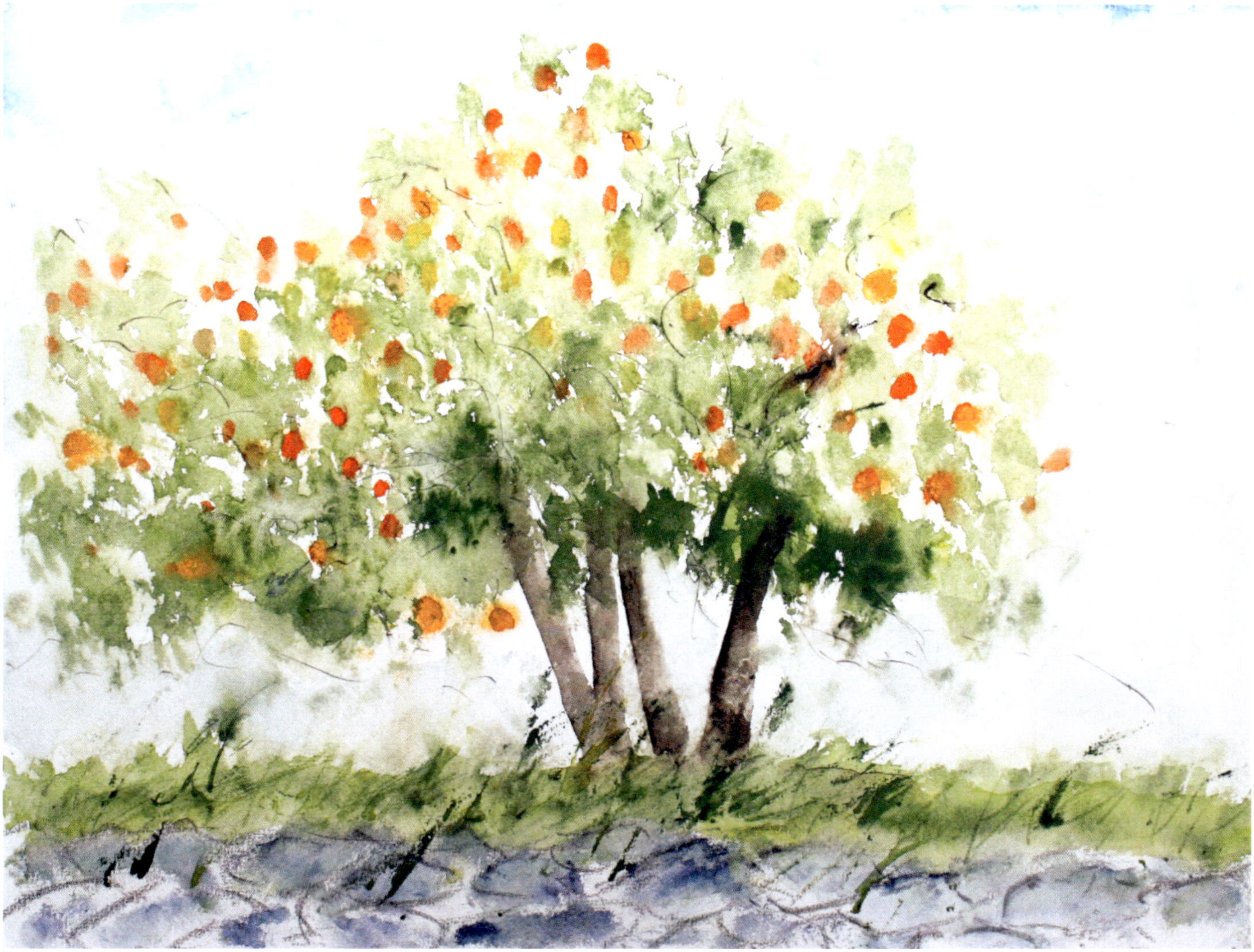

Soller

Besuche während meiner Mallorca-Aufenthalte immer diesen lebhaften und vom Stadtbild her interessanten Ort. Wandere durch die Gassen, an den Stadthäusern und Villen vorbei. Entdecke kleine verwunschene Gärten, die schon fast vergessen in dieser geschäftstüchtigen Stadt ruhen. Kleine grüne Oasen. Filigrane Metalltore versuchen, den Eintritt Fremder zu verwehren, um wohl das Geheimnis dieser durch dichtes Grün durchzogenen Gärten zu wahren.

Dem Geräusch der Straßenbahn folgend, finde ich mich plötzlich auf der lebhaften Plaza de la Constitucion wieder. Obwohl hier der Tourismus dominant ist, empfinde ich diesen Platz mit der beeindruckenden Pfarrkirche San Bartolome nicht weitläufig, fast intim und durch die vielen Cafés inmitten der Plaza gemütlich. Immer wieder bimmelt die Straßenbahn über den Platz und gibt dem Platz originelles Leben.

Setze mich auf einen der Stühle, um die Atmosphäre auf diesem Platz malerisch festzuhalten. Wähle mir als Motiv die weißgetönte aus Kalkstein errichtete Pfarrkirche aus, feingliedrig und symmetrisch angelegt und durchaus majestätisch. Nach dem Aquarellieren bewundere ich das Farbenspiel an den Rosettenfenstern in der Kirche, das draußen so nicht zur Wirkung kam.

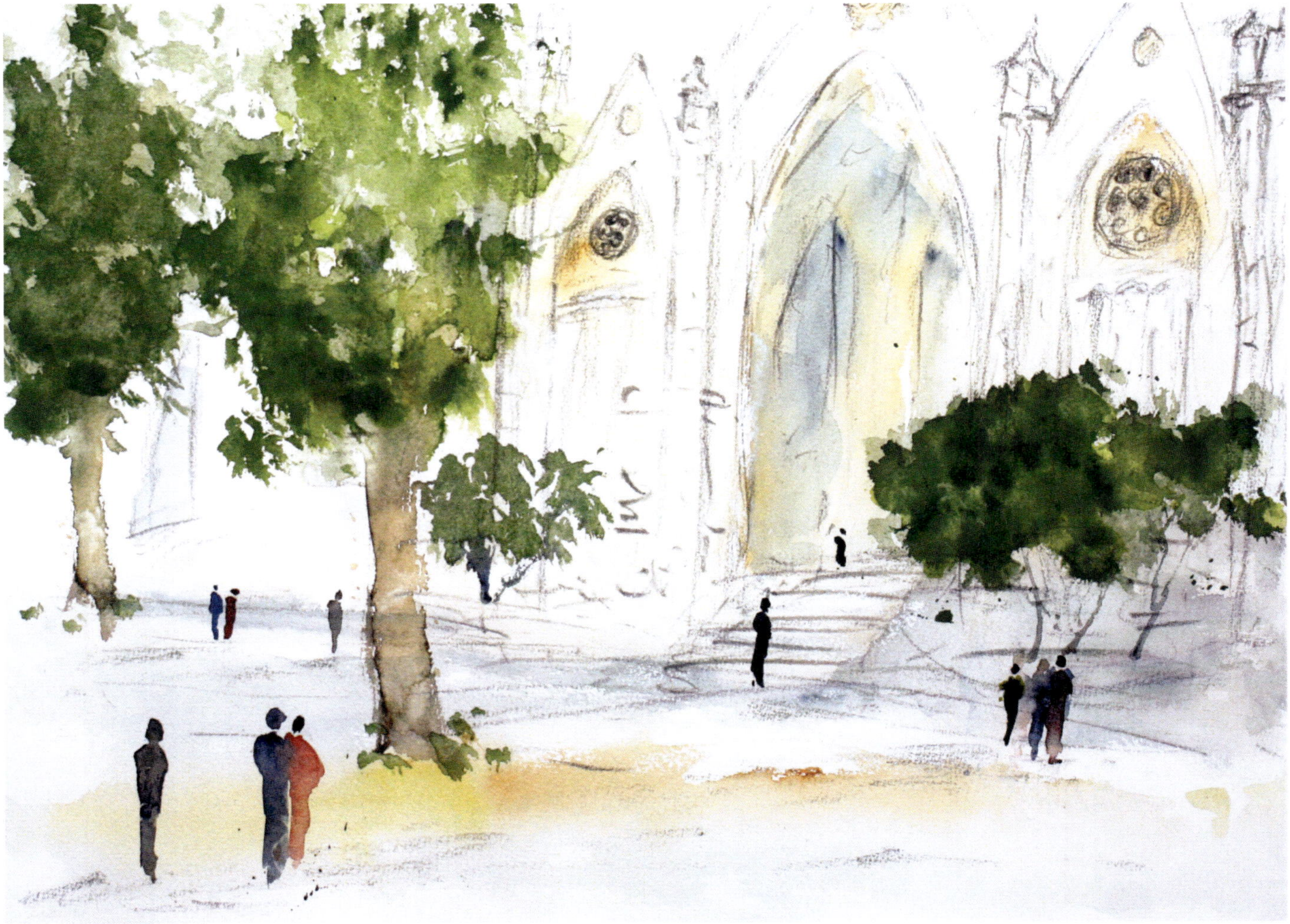

Beim Verlassen von Soller fallen mir bei der Ausfahrt auch hier noch die stattlichen Häuser mit ihren ockerfarbigen und weißgetünchten Fassaden auf. Erfahre, dass Soller von unterschiedlichen Einflüssen geprägt wurde.
Auffällig sind karibische Kolonialelemente, Baustile des Neo-Barocks als auch Klassizismus. Erfahre auch, dass Soller der zweitwichtigste Ort des Jugendstils auf Mallorca ist. Nicht nur städtebaulich hat diese Stadt für mich ihren besonderen Reiz, sondern auch ihre landschaftliche Lage direkt hinter den Gipfeln des Tramuntana-Gebirges und wie eine Schale zum Meer liegend.

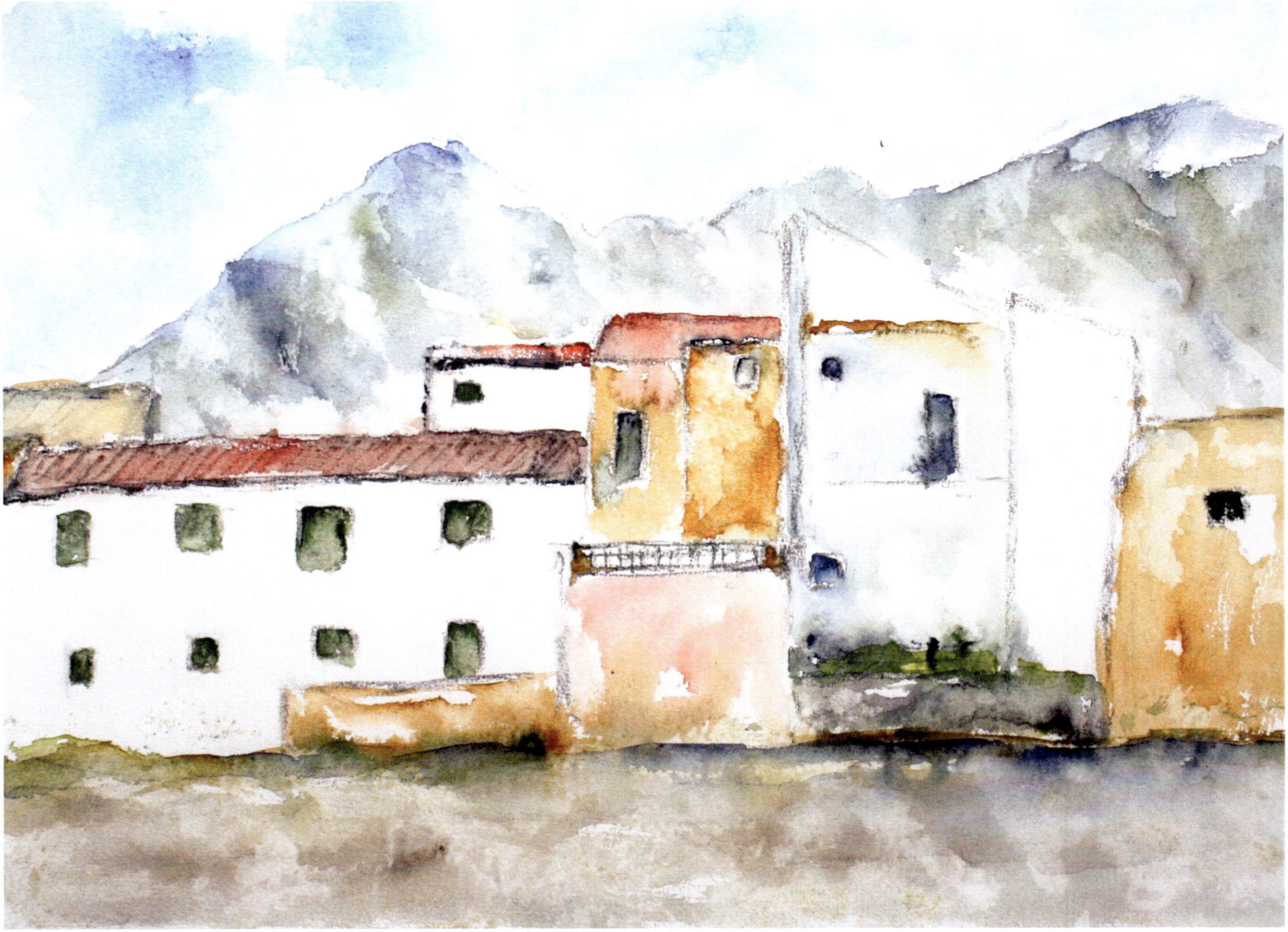

Deiá

Besuche von Soller kommend den Künstlerort Deiá. Kurvenreiche Küstenstraße, die sich auch immer wieder in die Tiefe des Tramuntana-Gebirges entlangzieht.

Mein erster Eindruck: Das Dorf versteckt sich. Lehnt sich mit dem Rücken zum Meer. Abgeschlossenes Ortsbild, massive erdfarbene aus Stein gebaute Häuser.

Durch die traumhafte Lage war es nicht verwunderlich, dass sich hier seit Beginn des 20. Jahrhunderts Maler und Schriftsteller niederließen.
So auch Robert Graves. Berühmt wurde er mit seinem Werk »Ich, Claudius, Kaiser und Gott«, das mehrfach verfilmt wurde. Erinnere mich noch an meine frühen Griechenlandreisen. Hatte sein Buch »Griechische Mythologie« immer im Gepäck. Robert Graves fand dann auch seine letzte Ruhe hier in Deiá, am Fuß des fünfgrößten Bergs Mallorcas, dem Teix.

Wandere vom Zentrum des Ortes die steilen Gassen hoch, an wehrhaft gebauten Häusern vorbei. Uralte Olivenbäume an den Wegrändern geben dem Ort noch zusätzliche Standfestigkeit. Hier oben – vom touristisch lebhaften Zentrum entfernt – atmet der Ort Ruhe aus. Wenige Bewohner verlieren sich hier oben in der Ferne.

Verlasse Deiá wieder in Richtung Valldemossa, vorbei an eine fast burghafte Finca, die sich vor dem üppigen Grün des Berghanges abzeichnet, überzogen vom leichten Dunst des herbstlichen Nachmittags.

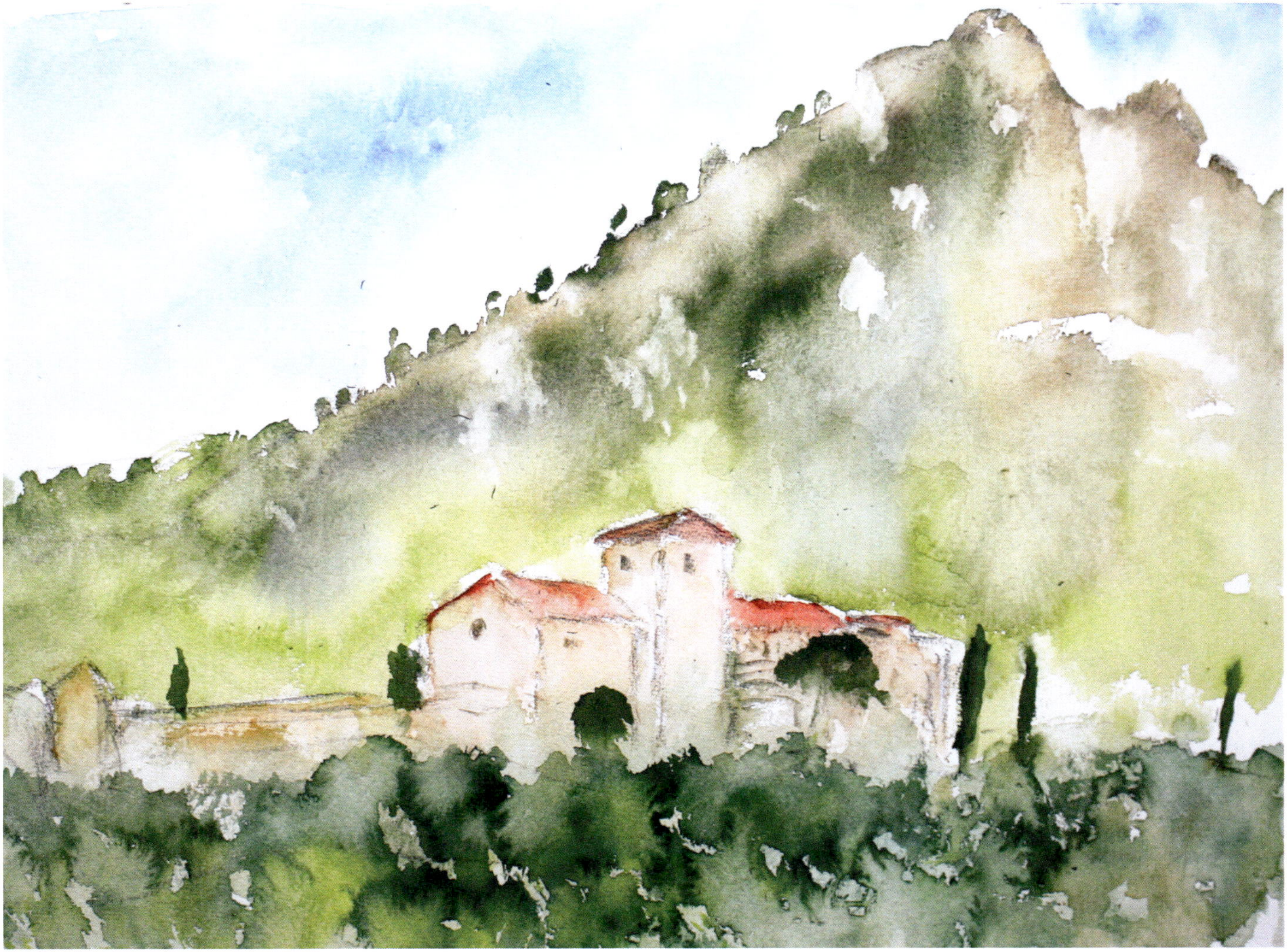

Bin wieder beeindruckt beim Wandern im Tramuntana-Gebirge von den steil hochaufragenden Felsen, die auf dem Grat bizarre Bäume wachsen lassen. Auch das üppige Immergrün an den Felsrändern weist auf intensive Feuchtigkeit hin, die die Steine benetzt. Erfahre, dass die Tramuntana die wasserreichste Region Mallorcas ist. Steineichen und Pinien haben sich hier in der felsigen Region ausgebreitet. Olivenhaine finde ich überwiegend in den Talsenken.

Von unten gesehen, habe ich den Eindruck, dass die Bäume an den Felsrändern ins Blau des Himmels wachsen, obwohl sie festverwurzelt in Erde und Gestein sind. Ein luftiges zarttransparentes Grün, das sich mit der Weite des Himmels verbindet.

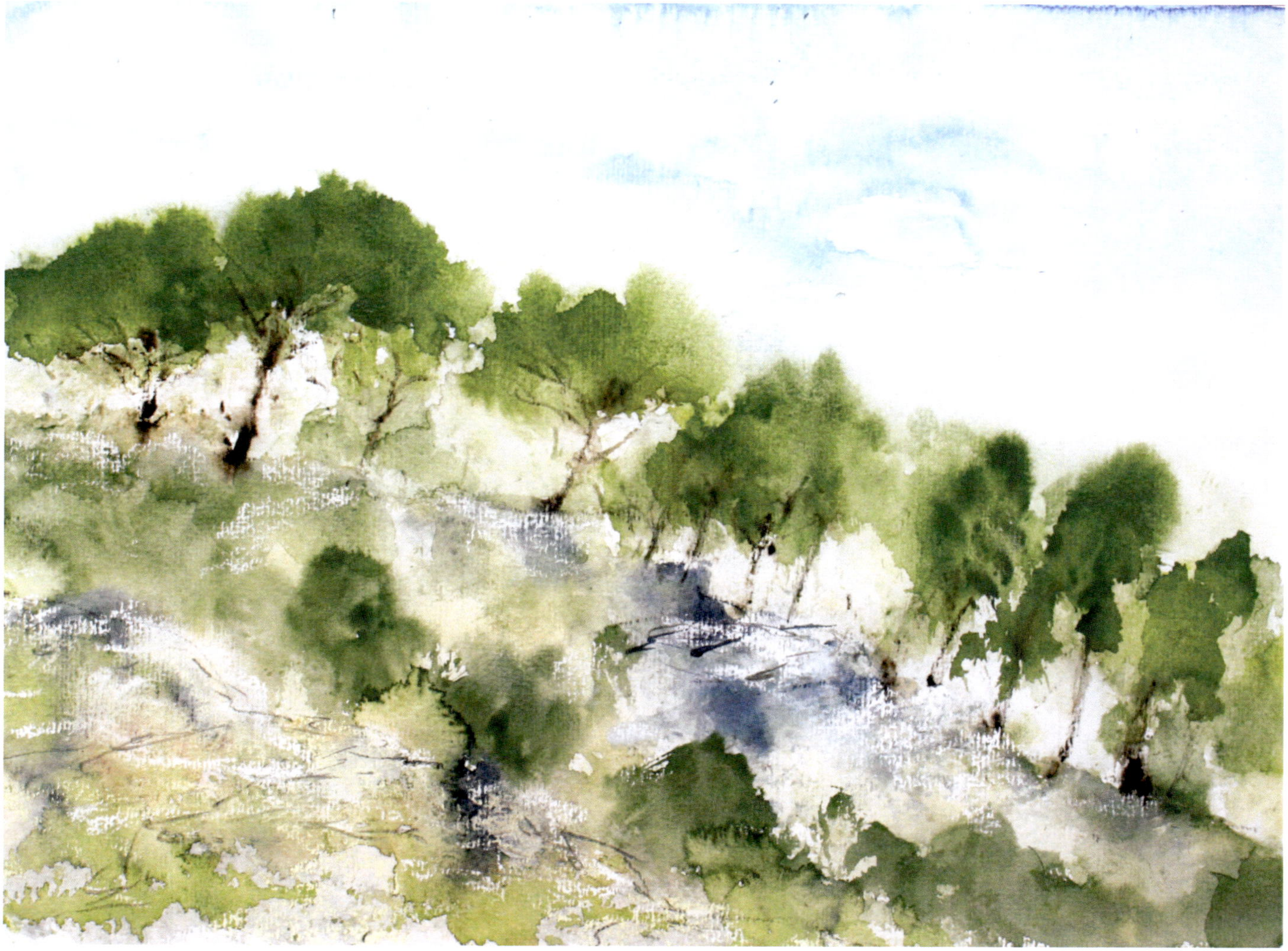

Im Weingut bei Algaida wieder zurück. Der Abend bietet im Garten noch Licht zum Malen. Nehme mir eine Skizze als Grundlage für ein Aquarell vor.
Ein Motiv, das ich noch vor einer Stunde im Licht des Tages wahrnahm:
Himmel, Meer, Palme – Deiá. Ein Bild, das kaum Worte bedarf.

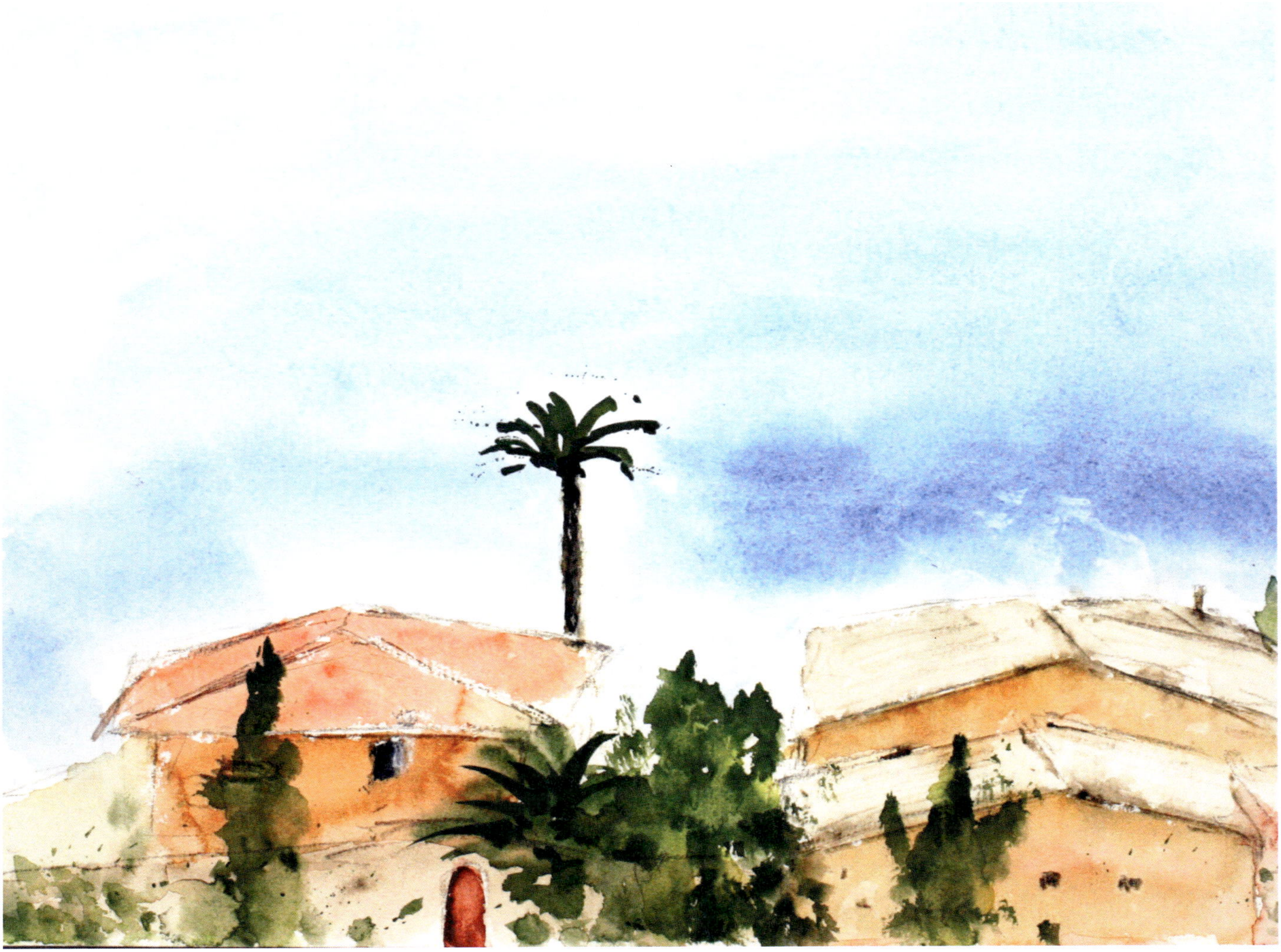

Das Licht im Garten lässt ein weiteres Aquarell zu, noch in Erinnerung des Anblicks und den Geräuschen von Wind und Meer an der steilabfallenden Küste bei Deiá. Grundlage hierfür dient wieder eine Skizze. Überziehe die Felsstrukturen mit Ocker- und Brauntönen. Lege einen hellgrünen Schleier über einen Teil des Abhangs. Pinien auf dem Grat der Felsen geben dem Meeresensemble Erdnähe zum Inneren der Insel.

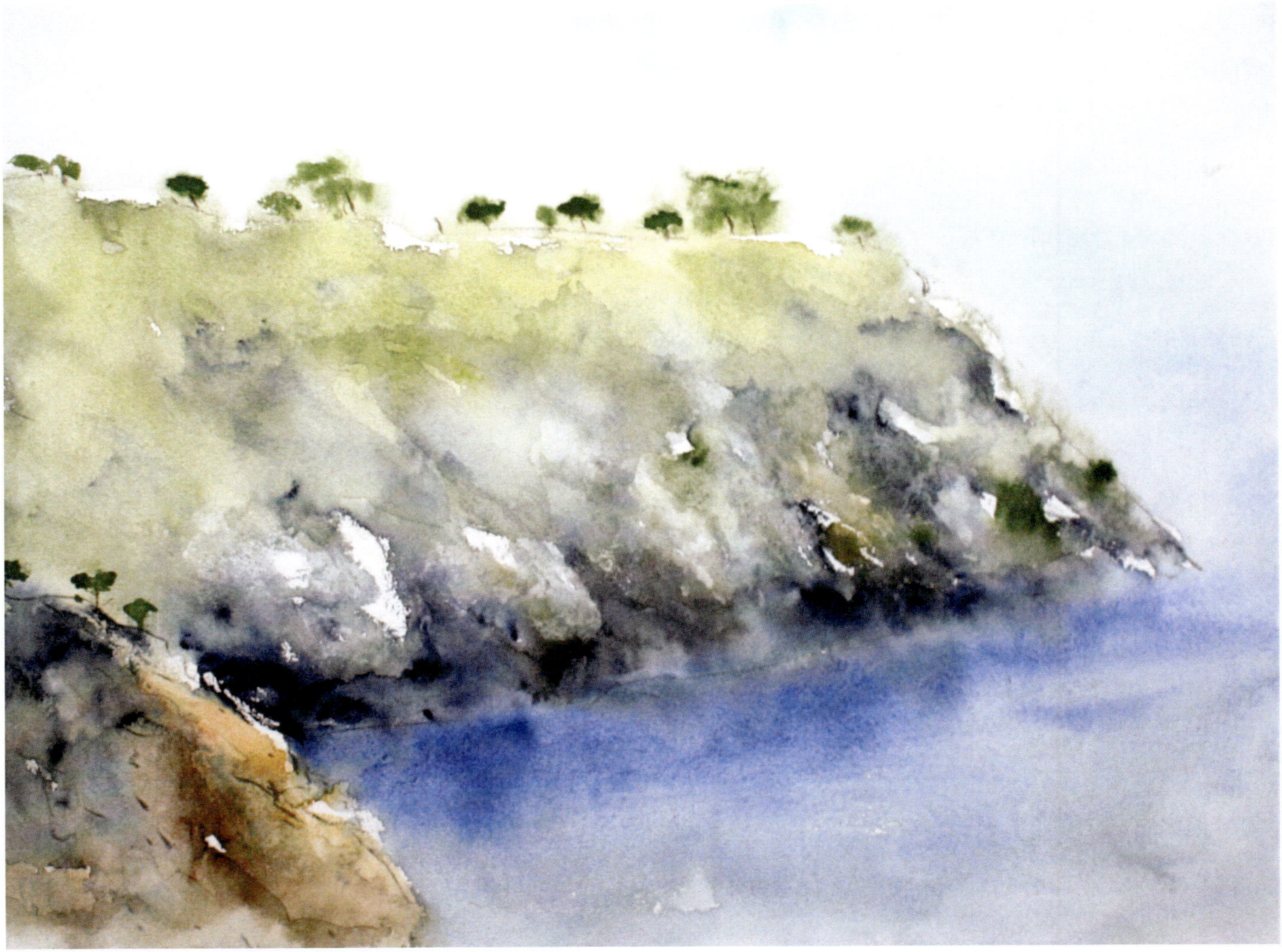

Palma

Regentag. Will den Tag nutzen und mich in Palma umsehen, das ich schon im Frühjahr vergangenen Jahres bei heiterem Himmel besichtigte. Spazierte damals durch die stimmungsvollen Altstadtgassen. Begeisterte mich an den stilvollen Innenhöfen. Saß im Schatten der Arkaden, spürte ein Hauch von Afrika durch die Gassen wehen. Leider lässt dieser Regentag diesmal Spaziergänge nicht zu. So suche ich in der Nähe der Kathedrale La Seu ein Café auf. In Sichtweite der Kathedrale erinnere ich mich noch an den Sonnentag und an das Farbenspiel der Rosetten und an das Hineinfließen der Lichtstrahlen ins Innere von La Seu. Schlage wieder Georg Sands Buch auf und lese die Passagen zu Palma:

»*Auf den ersten Blick ist das Wesen Palmas schwer auszumachen. Man muß schon des Abends durch die abgründigen, geheimnisvollen Gassen der Innenstadt schlendern, um den eleganten Stil und die originelle Anlage auch der einfacheren Häuser auf sich wirken zu lassen. Von der Nordseite, also vom Innern der Insel her, zeigt Palma wohl am ehesten sein ganzes afrikanisches Gesicht.*

M. Laurens empfand diese romantische Schönheit, die einen einfachen Altertumsforscher ungerührt gelassen hätte; er zeichnete dann auch einen dieser Ausblicke nach, der mich durch seine Großartigkeit und Melancholie am meisten beeindruckt hatte. Es handelt sich um eine Partie der Stadtmauer, auf der sich unweit der San Augustin geweihten Kirche ein gewaltiger quadratischer Block ohne jede Öffnung außer einer kleinen überwölbten Pforte erhebt.

Eine Gruppe schöner Palmen krönt diesen Quader, letztes Überbleibsel einer Festung der Tempelritter und, überwältigend in seiner trübseligen Nacktheit, Vordergrund für das herrliche Gemälde dahinter: die lachende, fruchtbare Ebene, die in der Ferne durch die blauen Berge von Valldemosa begrenzt wird. Gegen Abend wechselt die Stimmung dieser Landschaft von Stunde zu Stunde und wird zunehmend harmonischer. Bei Sonnenuntergang haben wir sie in funkelndem Rosa gesehen; dann ging der Ton von einem Purpur in silbriges Lila über und wandelte sich beim Eintritt der Nacht zu einem durchsichtigen Blau. M. Laurens skizzierte eine Reihe weiterer Ansichten von Palmas Stadtwall aus. ›Jeden Abend‹, schreibt er, ›wenn die Sonne alles in lebhafte Farben taucht, schlenderte ich über den Wall und hielt bei jedem Schritt inne, um die glücklichen Zufälligkeiten zu betrachten, die sich aus dem Zusammenspiel der Konturen der Berge und des Meeres mit denen der Gebäude in der Stadt ergaben.

Hüben war die innere Böschung des Stadtwalls mit einem undurchdringlichen Agavendickicht bewachsen, aus dem zu Hunderten jene hohen Stengel herausragten, deren Blütenstand ihnen das Aussehen von riesigen, vielarmigen Kandelabern gibt. Drüben in den Gärten standen Gruppen von Palmen inmitten von Feigenbäumen, Kakteen, Orangenbäumen und baumhohen Rizinusstauden; dahinter erschienen Erker und rebenbeschattete Terrassen; schließlich zeichneten sich die Fialen der Kathedrale sowie die Glockentürme und Kuppeln der vielen Kirchen in Silhouette gegen die leuchtende Reinheit des Himmels ab.‹«

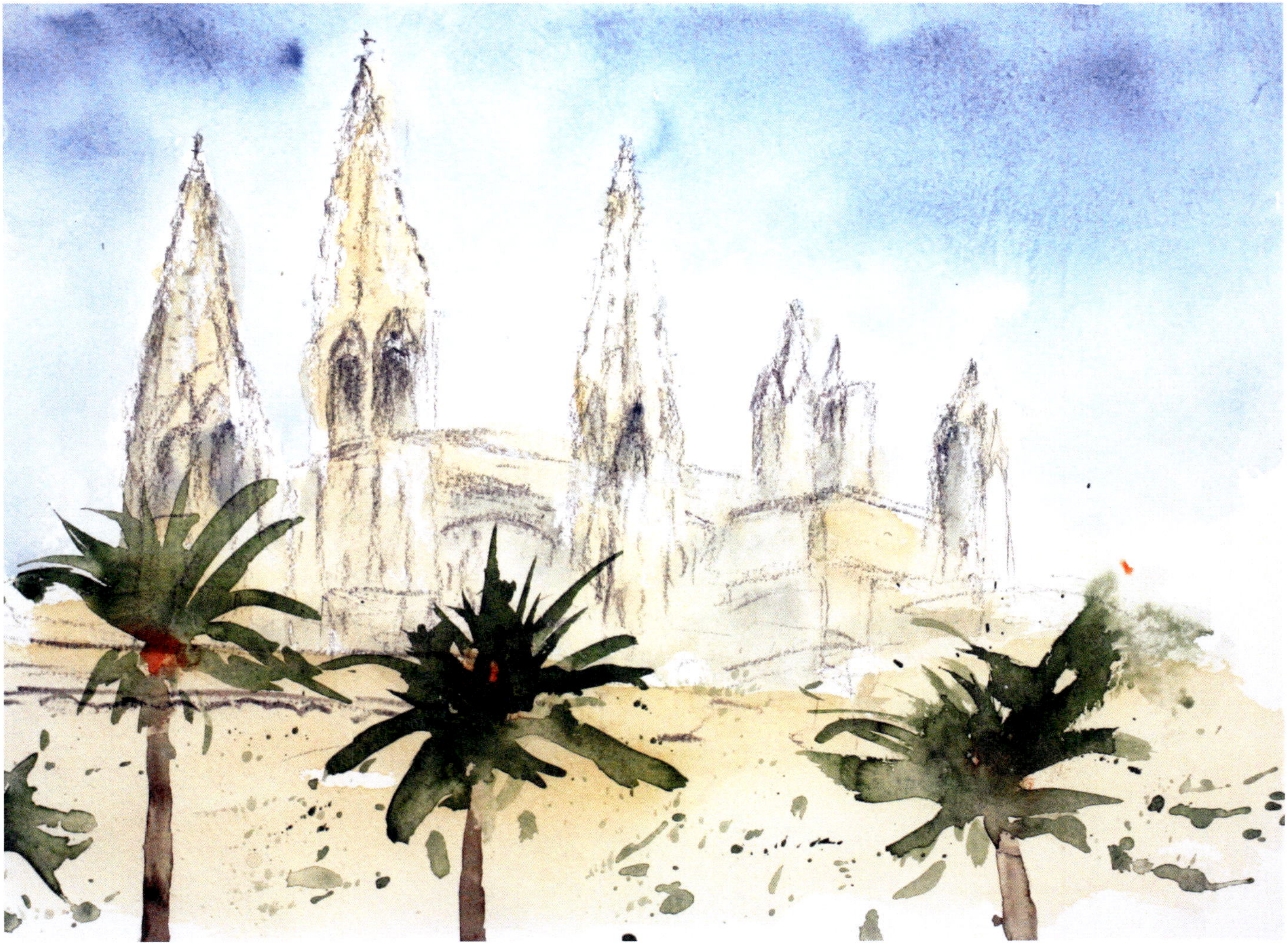

Palmsonntag in Llucmajor

Sonntag vor dem Osterfest. Ein kühler windiger Tag. Die Sonne hatte Mühe sich durchzusetzen. Wollte das südlich von Algaida und Randa gelegene Llucmajor aufsuchen und mir hier einige sehenswerte Jugendstilhäuser ansehen. Befand mich bald auf den mit Palmen umsäumten Marktplatz. Sah überall Straßensperren. Hörte von weitem Trompetenmusik, die näher kam. Ging der Musik und den Stimmen- und Fußgeräuschen entgegen und sah plötzlich eine langgezogene Prozession mir entgegenkommen. Den Anfang bildete ein kleiner Musikchor und gleich dahinter weiß bekittelte Jugendliche, die kleine dünne Palmenzweige trugen. Begleitet von einer weithingezogenen Menschengruppe. Erfuhr, dass es sich um eine Palmsonntagsprozession handelte, die den Auftakt der Osterfeierlichkeiten bildet. Obwohl von Musik begleitet, ein stiller feierlicher Umzug durch die Gassen dieses für mich vornehmen Ortes. Nahm dieses Stimmungsbild mit und versuchte, es malerisch anzudeuten.

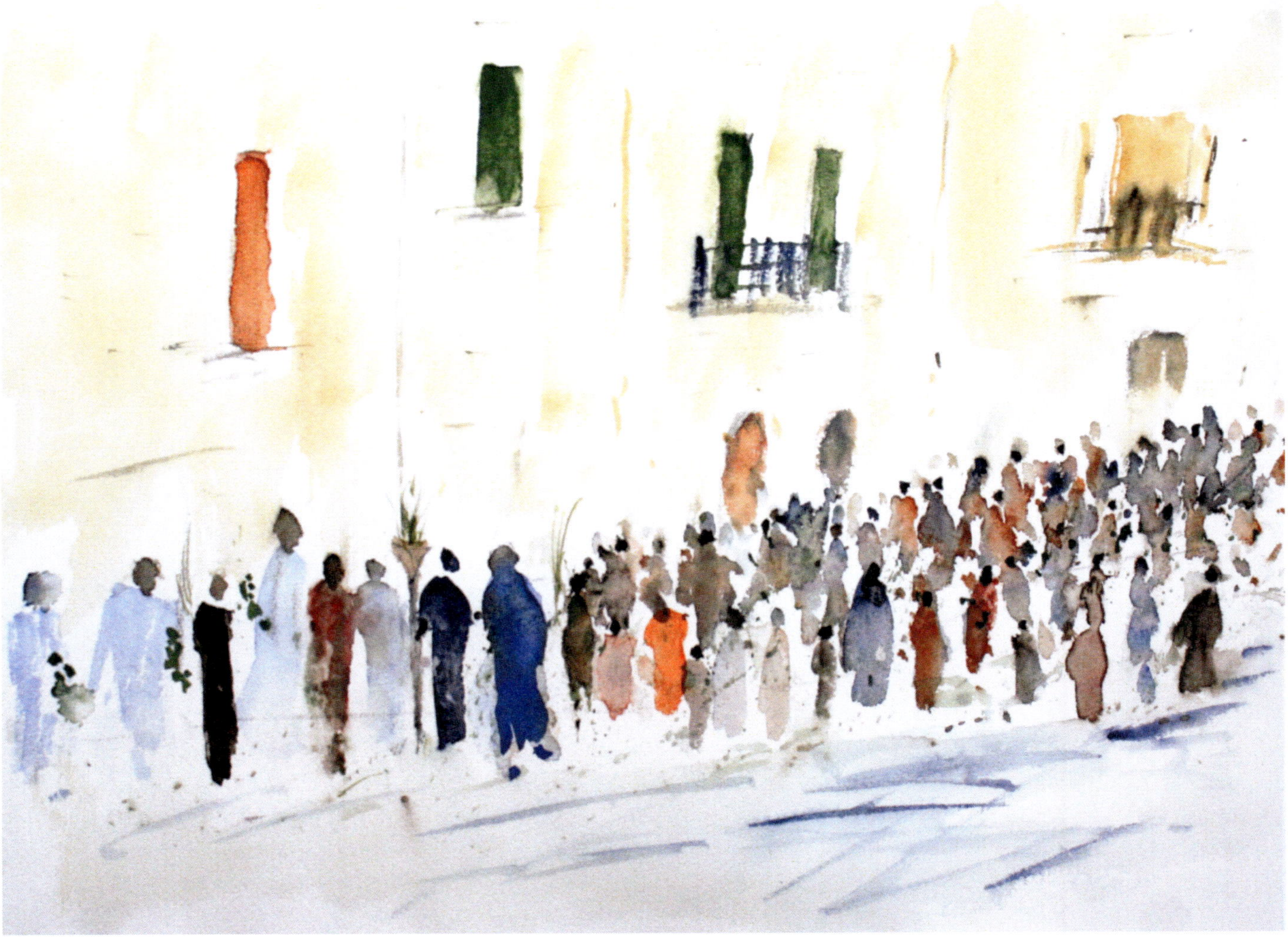

Wildes Mallorca

Georg Sand: »Ein Winter auf Mallorca«

»Alles was Dichter und Maler sich erträumen können, hat die Natur hier geschaffen; ein gewaltiges Ganzes mit unendlichen Einzelheiten in unerschöpflicher Vielfalt, wirre Formen, scharfe Konturen, verschwommene Tiefen, alles ist vorhanden, und Kunst könnte dem nichts hinzufügen.
Um Gottes Werk zu würdigen und zu verstehen, reicht der Geist nicht immer aus, und wenn er in sich kehrt, spürt er seine Ohnmacht, dieser Unermeßlichkeit des Lebens, die uns fesselt und berauscht, einen angemessenen Ausdruck zu verleihen. Ich möchte den Künstlern, die von Eitelkeit verzehrt werden, nur raten, sich solche Landschaften genau anzusehen, und es oft zu tun, denn ich glaube, sie würden dann ihre Überschwenglichkeit in der Form mäßigen, einfach aus Respekt vor der göttlichen Kunst, die in der ewigen Schöpfung der Dinge waltet. Ich jedenfalls habe niemals die Hohlheit der Worte so stark gespürt wie während jener besinnlichen Stunden in der Kartause. Ich hatte gewiß religiöse Anwandlungen, aber die einzigen Worte, die meine Begeisterung mir eingaben, waren:
Gelobt seist Du, Gott, der Du mir gute Augen geschenkt hast!
Im Übrigen glaube ich, daß der gelegentliche Reiz dieser herrlichen Szenerie zwar erfrischt und wohltut, daß jedoch der ständige Reiz eine Gefahrenquelle ist. Man gewöhnt sich daran, mit dem Außergewöhnlichen zu leben, und mit der Übersättigung stumpfen die Sinne ab. So erklärt sich, warum Mönche oft kein Gefühl für die Poesie ihrer Klöster haben und warum die Schönheit ihrer Berge den Bauern und Hirten gleichgültig ist. Für uns war die Zeitspanne zu kurz, um Überdruß daran aufkommen zu lassen, denn fast jeden Abend bei Sonnenuntergang senkte sich der Nebel herab und beschleunigte das Schwinden des Tageslichts, das in unserem Kessel und zu dieser Jahreszeit ohnedies karg war. Bis Mittag hüllte uns der große Berg zur Linken in seinen Schatten, und um drei Uhr gerieten wir in den des anderen zur Rechten. Aber welche Lichteffekte haben wir beobachten können, wenn die schrägen Strahlen durch Risse im Fels drangen oder zwischen Berggraten hindurchglitten, um der Landschaft im Mittelgrund Helmzierden in Gold und Purpur aufzusetzen! Manchmal tauchten unsere Zypressen – schwarze Obelisken, die dem Hintergrund des Bildes als Folie dienten – ihre Wipfel in diese feurige Flut: die Fruchtbüschel unserer Dattelpalmen wurden zu Trauben und Rubinen, und eine lange Schattenlinie im Schrägschnitt über dem Tal teilte es in eine lichtgetränkte sommerliche Zone und eine zweite: bläulich und kalt wie eine Winterlandschaft.«

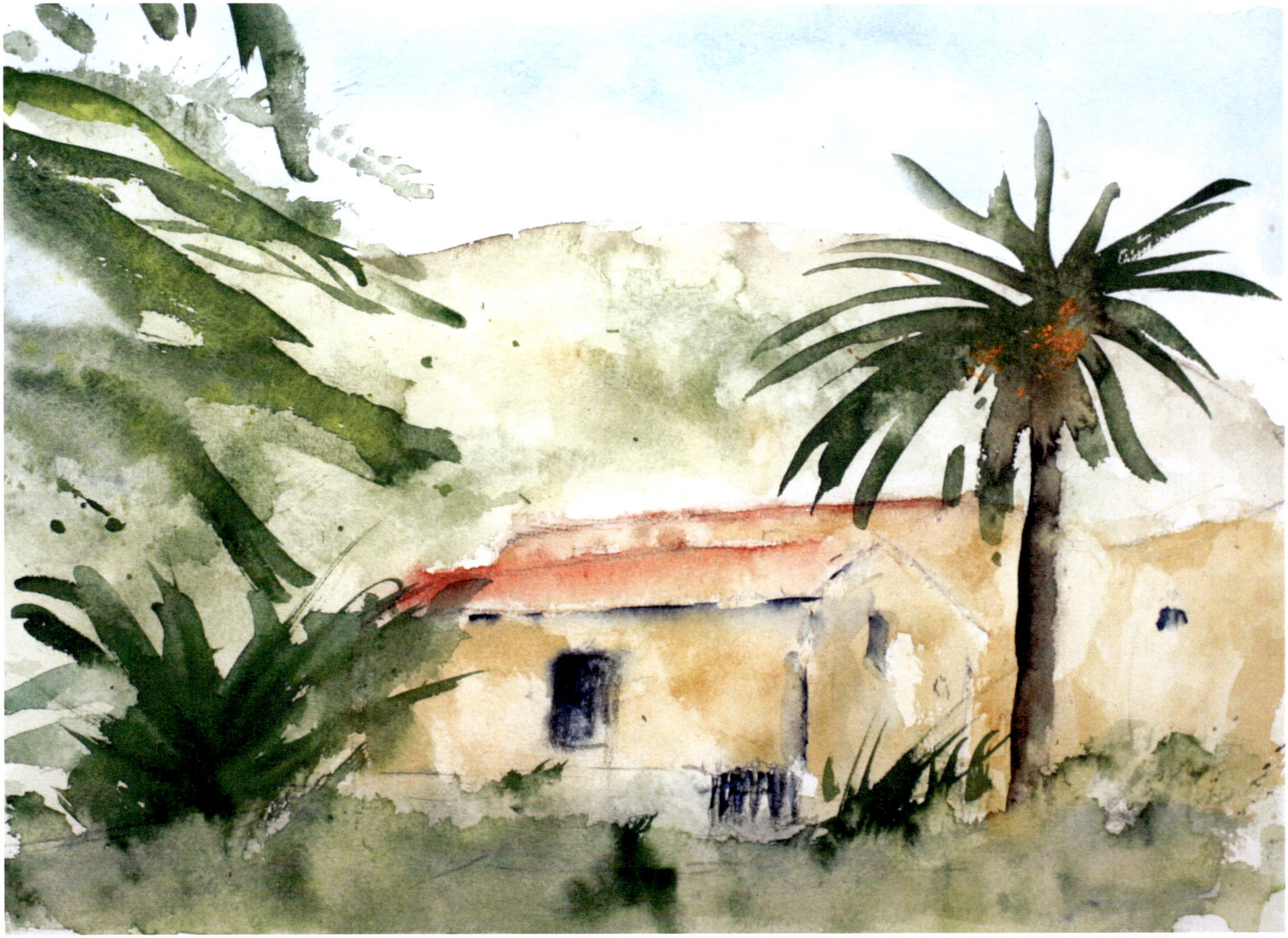

Sant Elm

Heute verspricht der Tag ein klares Sonnenlicht mit vereinzelten Wolkentupfern, die noch vom trüben Vortag übriggeblieben sind.
Entschließe mich, den äußersten Westen Mallorcas zu erkunden, der mir bisher noch auf meinen Wanderungen verschlossen blieb.
Fahre hinter Palma über die Küstenstraße an Andratx vorbei, dann weiter über kurvenreiche Strecke zum westlichsten Hafenort Mallorcas Sant Elm.
Zu Georg Sands und Frederic Chopins Mallorca Aufenthalt sicherlich ein vergessener Ort. Erfuhr, dass im späten 17. Jahrhundert die Häfen von Andratx und San Elm durch ihre Lage bedingt, häufig Piratenüberfällen ausgesetzt waren. Empfinde heute noch diesen Ort als ruhig und abseits gelegen. Auch hier ein Hauch Afrikas. Fand ähnliche Landschaftsbilder auf den griechischen Kykladen. Versuche, diese Empfindungen mit meiner Bildsprache auszudrücken.

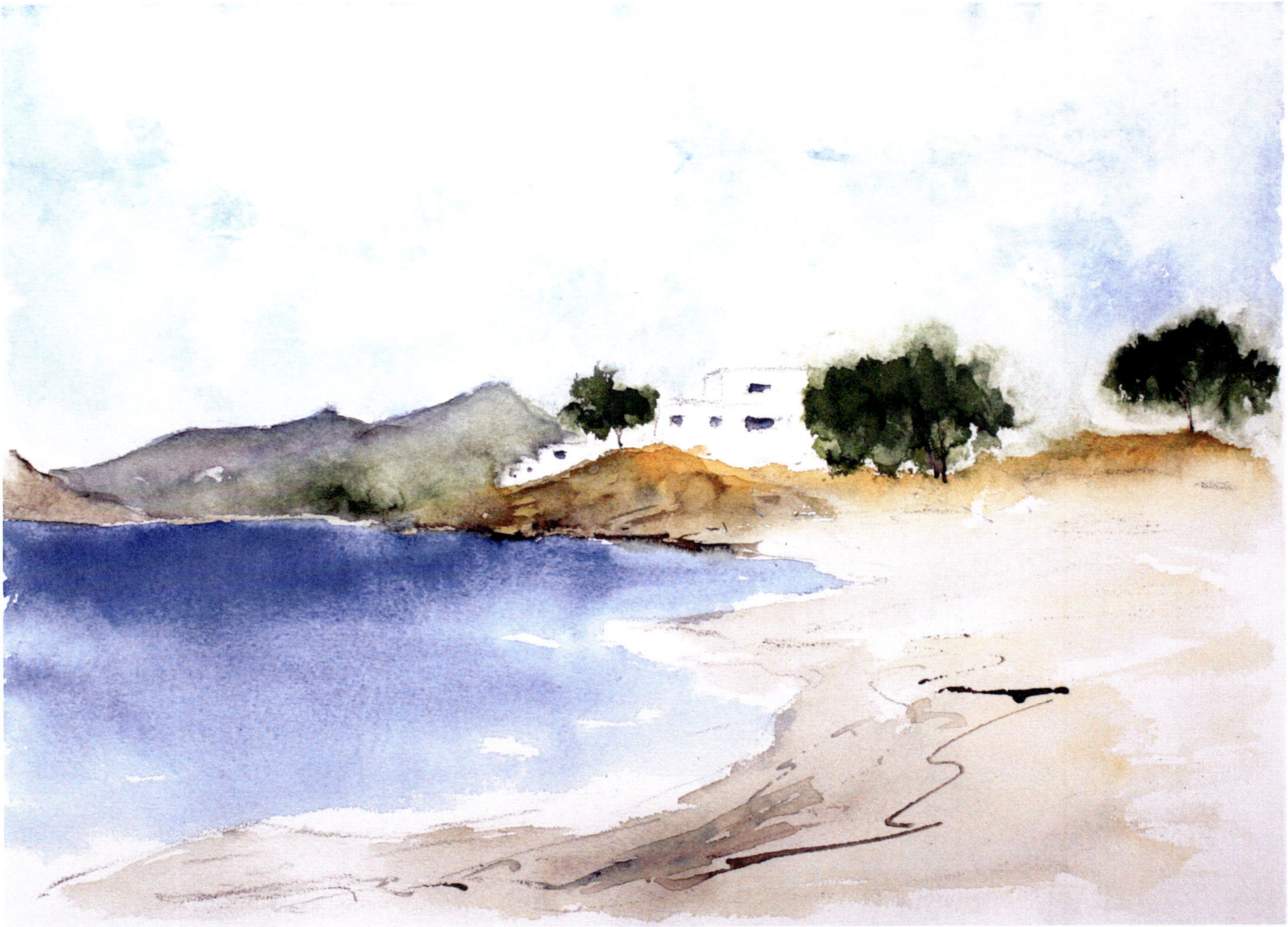

Port d'Andratx

Zurück über den kurvenreichen Weg von Sant Elm zum Hafen von Andratx, der ein völlig anderes Bild ausstrahlt. Lebhaft, geschäftstüchtig, Fischerboote, Yachten, Cafés, Hotels. Obwohl dieser Hafenort vom Tourismus geprägt ist, wirkt hier nichts überladen. Die warmen erdfarbigen Fassaden der Häuser an der Strandpromenade passen sich in den dahinterliegenden grünen Höhenzug wunderbar ein. Ein mediterraner Hafenort, der geradezu zum Malen anregt.

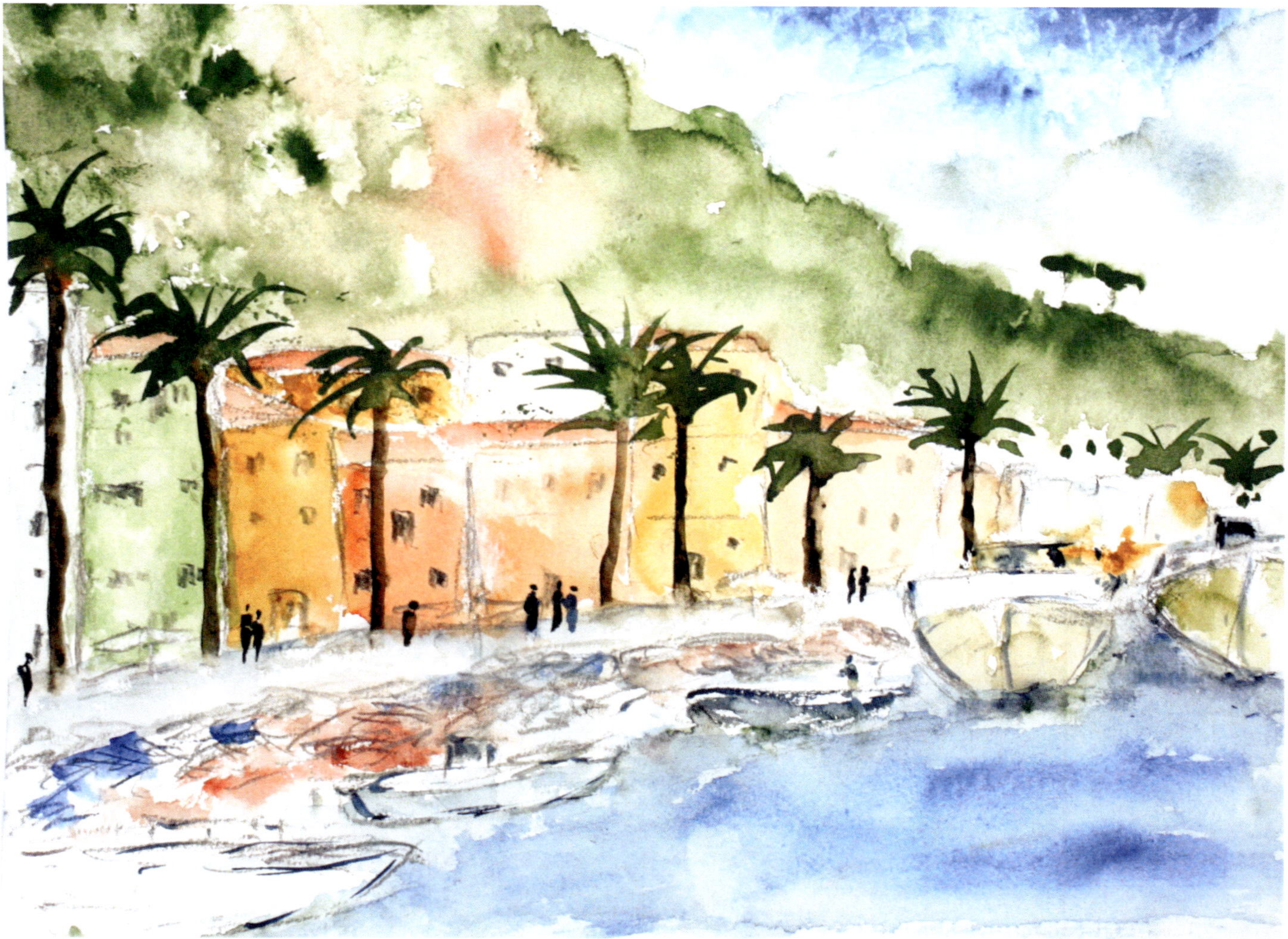

Beim Durchwandern des Hafens von Andratx entdecke ich eine kleine Idylle: Ein schmaler Kanal, der ins Landesinnere verläuft. Wohin er führt ist nicht ersichtlich. Kleine Fischerboote ankern und fahren fast in die Salzwiesen hinein. Hinter den Wiesen taucht schemenhaft ein Gehöft auf, das von einer Palme markiert wird. In weiter Ferne zieht sich die Gebirgskette der Serra de Tramuntana hin.
Dieser Blick ins Innere Mallorcas bildet einen ruheausströmenden Kontrast zum quirligen Leben des Hafens mit seinen Fischkuttern und Yachten und der breiten lebhaften Strandpromenade.

Ein Stimmungsbild, das ich mit schnellen Pinselstrichen festhalte. Wieder für mich eine Poesie des Augenblicks.

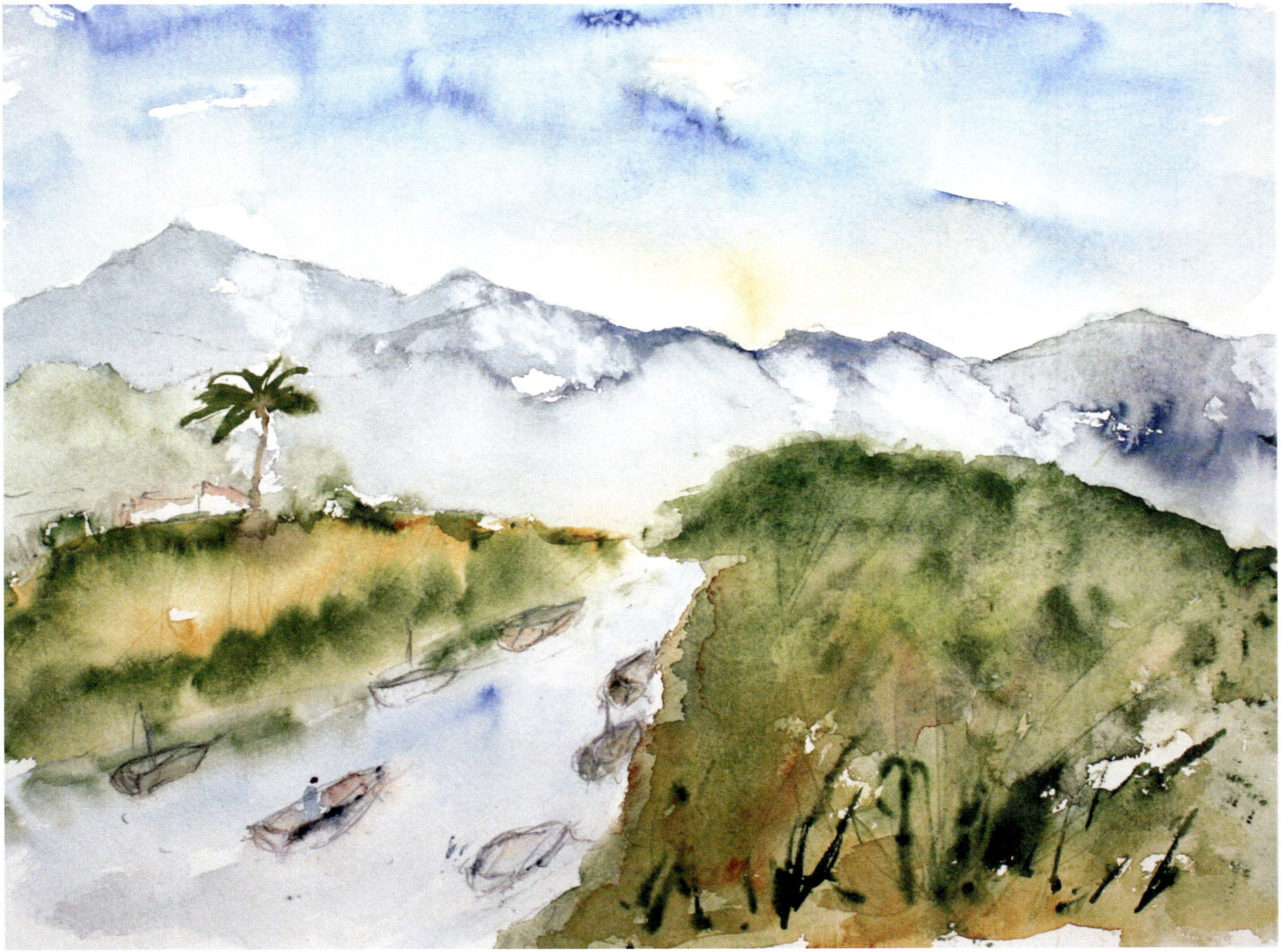

Pollenca

Beginne meine Exkursion zur Halbinsel Formentor mit der Besichtigung von Pollenca. Dieser Ort im Nordosten Mallorcas erscheint mir wie eine Eingangspforte zum Cap de Formentor, wo Licht und Wind in felsige Abgründe fällt.

Strahlend blauer Himmel. Nur die schrägscheinende Sonne weist auf den Herbsttag hin. Der erste Eindruck vermittelt mir ein fast arabisches Stadtbild mit einem Geflecht verwinkelter Gassen. Sowohl das Ocker, das weiche Rotbraun als auch das Weiß fliest über die Hausfassaden.
Der strenge glatte Anblick der Häuser wird durch filigrane Balkone mit bizarren Blumengewächsen gelockert. Empfinde es wie ein Abenteuer, durch diesen verzweigten Ort zu streifen, auf der Suche nach der Placa Major. Finde ihn nach einigen Anläufen. Umgeben von einigen Galerien und der Pfarrkirche Nostra Senyora dels Angels genieße ich auf einer Parkbank die Stille des Ortes, umgeben von alten Olivenbäumen und Pinien und dem Plätschern eines Springbrunnens inmitten des kleinen stimmungsvollen Parks.

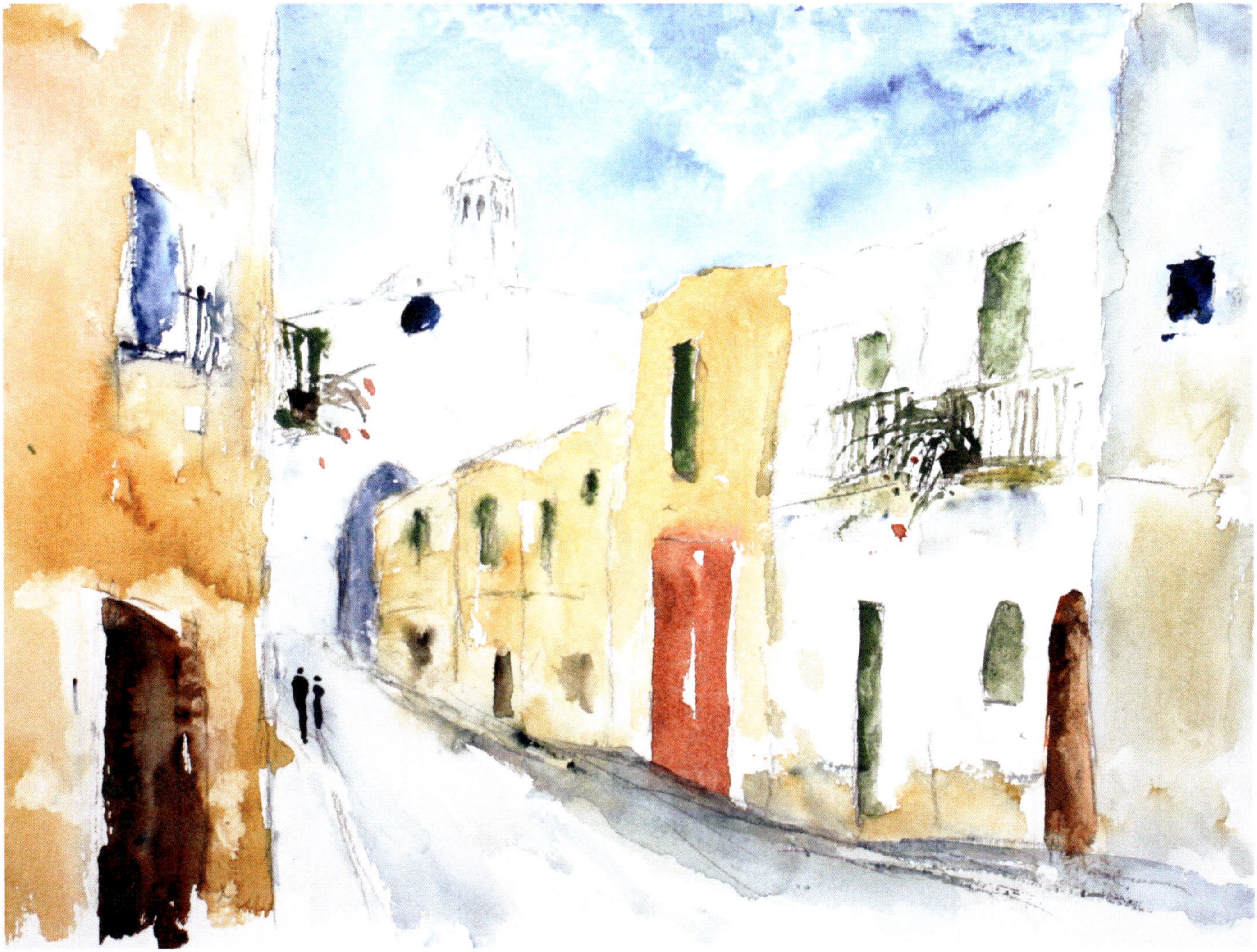

Spaziere weiter zum 170 m hohen Kalvarienberg. Setze mich in eines der kleinen Cafés am Platz vor der Treppe, die zu einer barocken Kapelle führt. Bin fasziniert von der von hier unten erscheinenden spitzauslaufenden Steintreppe. Hochaufgeschossene Zypressen umgeben die 365 Stufen. Von hier unten erscheint die Wallfahrtskapelle wie ein entfernter Hauch.
Leben erhält dieses Ensemble durch kleine Läden am unteren Teil der Treppe.
Erfahre, dass jede von den 365 Treppenstufen einen Tag des Kalenderjahres symbolisiert und die auf der Hügelspitze stehende Kapelle das Ziel ist für die alljährliche Osterprozession.
Verzichte auf den Aufstieg, aquarelliere stattdessen diesen so reizvollen Treppenaufstieg zum Kalvarienberg.

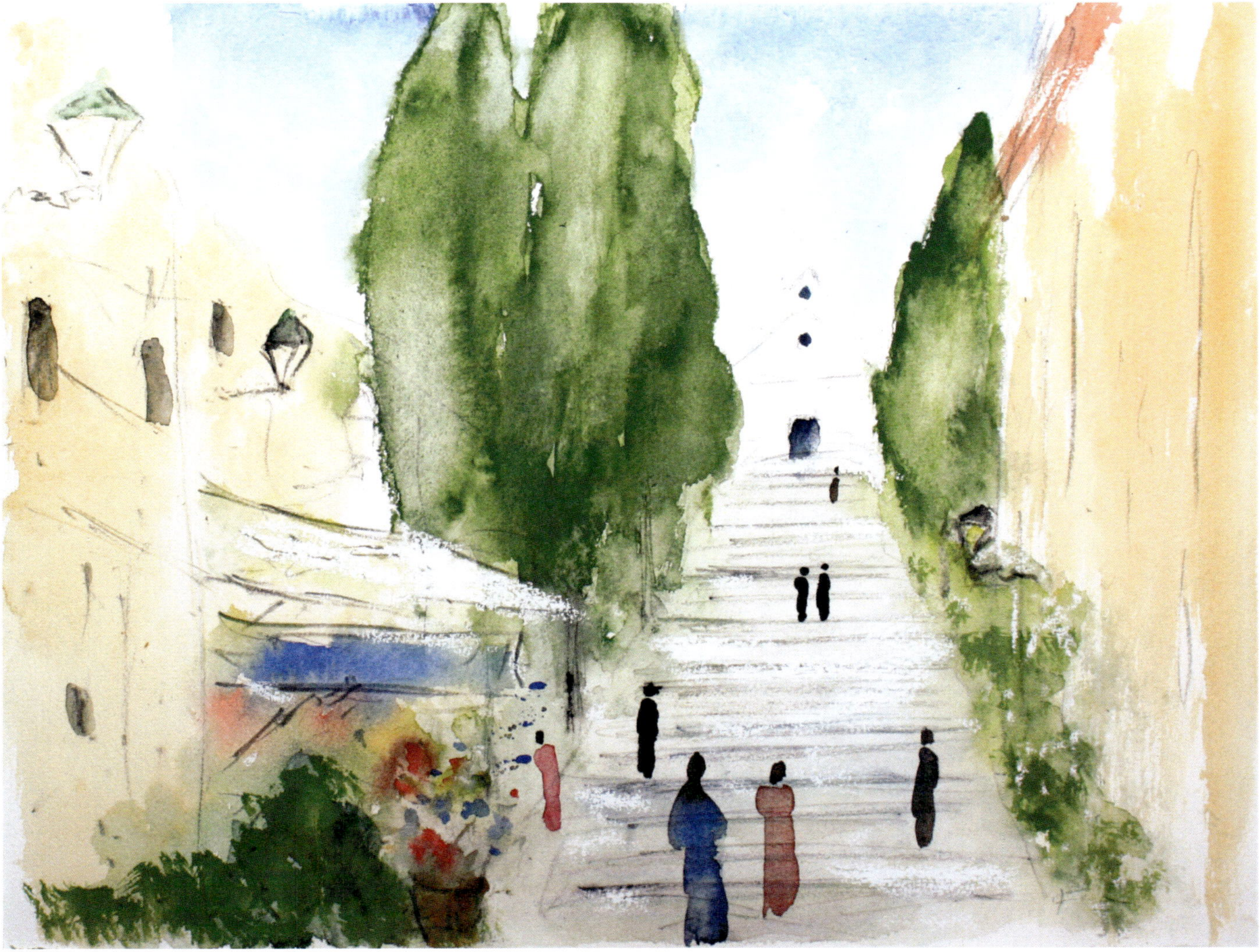

Cap de Formentor

Diese Halbinsel im Nordosten Mallorcas zieht mich immer wieder in ihren Bann. Dies sehen natürlich auch viele andere Besucher so. Jedoch lässt Formentor viel Raum, so dass man noch die Wildheit und Ursprünglichkeit ungestört auf sich wirken lassen kann. Vor allem die Wintermonate und frühen Morgenstunden sind ideale Zeiten, um Formentor immer wieder neu zu entdecken. Zu dieser Jahreszeit zieht häufig ein starker Wind herüber, der dem Licht Klarheit verschafft und die Konturen der Halbinsel schärfen.

Die Mallorquiner nennen das Cap auch »Treffpunkt der Winde«. Kann das nachvollziehen. Die Kraft des Windes, der über das karstige Felsengestein weht, lässt nur niedrig wachsender Vegetation zu. Eine Vegetation, die ständig durch diese Witterungsbedingungen Veränderung unterworfen ist: Immer wieder neue Spielwiesen, vom Wind und Wetter geformt.

Habe heute in der Frühe freie Fahrt, um langsam den kurvenreichen Aufstieg der 13,5 km langen Straße zu beginnen und die Möglichkeit spontan anzuhalten. Unter mir zeichnet sich die Bucht von Pollenca ab. Andeutungen von Weiß der Häuser. Dahinter der markante Gebirgszug der Serra de Tramuntana.

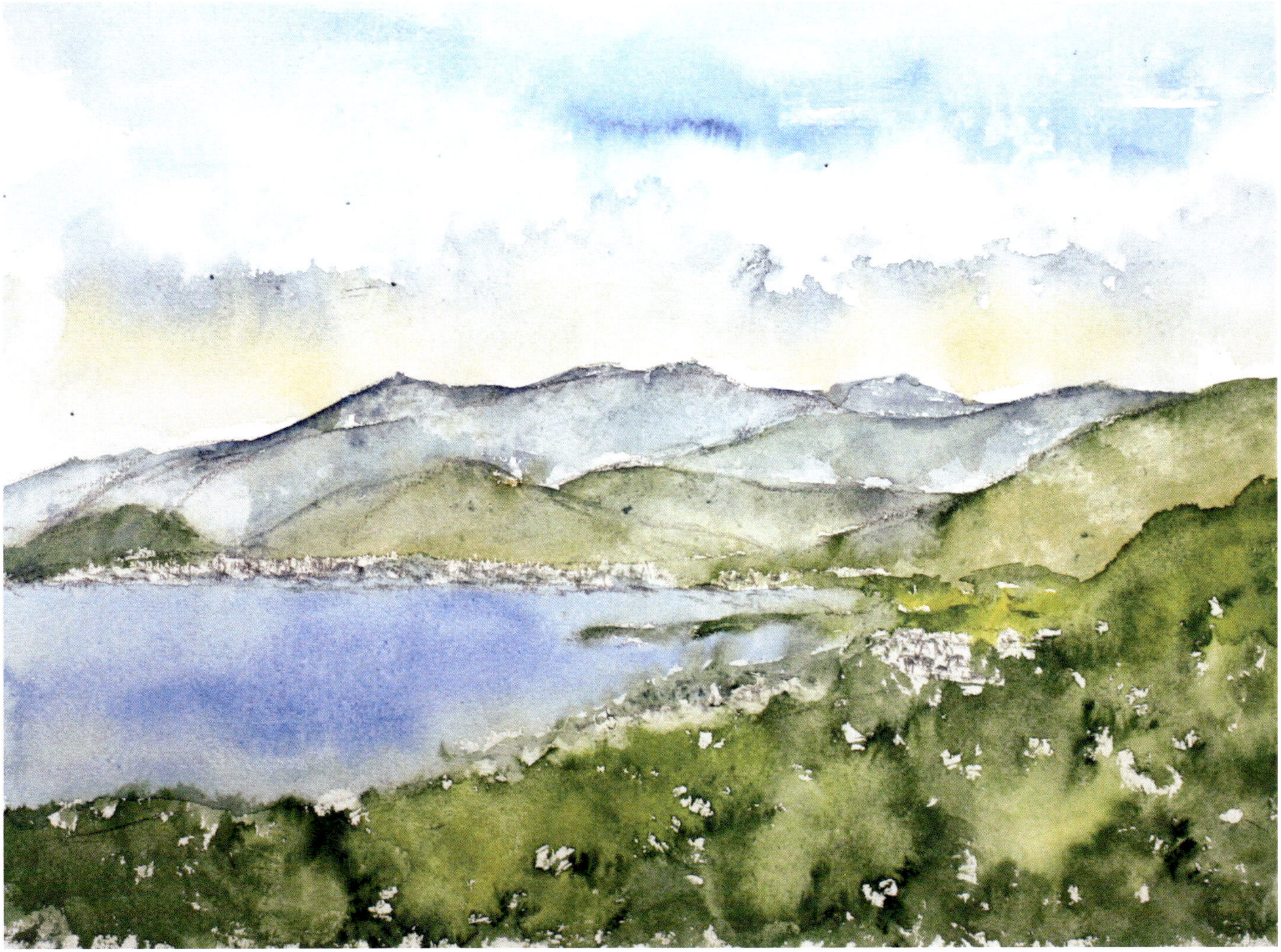

Mache Halt inmitten der felsigen Halbinsel. In den Talsenken kleinwüchsige Sträucher. Gelb-, Ocker-, grüntönige Vegetation, die sich in der Weite der Landschaft verliert. Das Meer hier wird nur durch den Wind spürbar.
Nur von dem »Piratenturm«, dem Talaia d´Albercutx, hoch oben auf dem Felsen, ist das Blau des Meeres sichtbar. Bei klarem Wetter ließe sich von hier aus auch Menorca erkennen. Vor 300 Jahren hatte dieser Turm noch Beobachtungsfunktion, um Überfälle maurisch-türkischer Schiffe zu erkennen. Von dort oben wurde dann die Bevölkerung durch Feuer gewarnt.

Für mich als Aquarellist ein lohnendes Motiv. Durch diesen fernen Turm auf der Bergspitze bekommt das Bild seine Spannung.

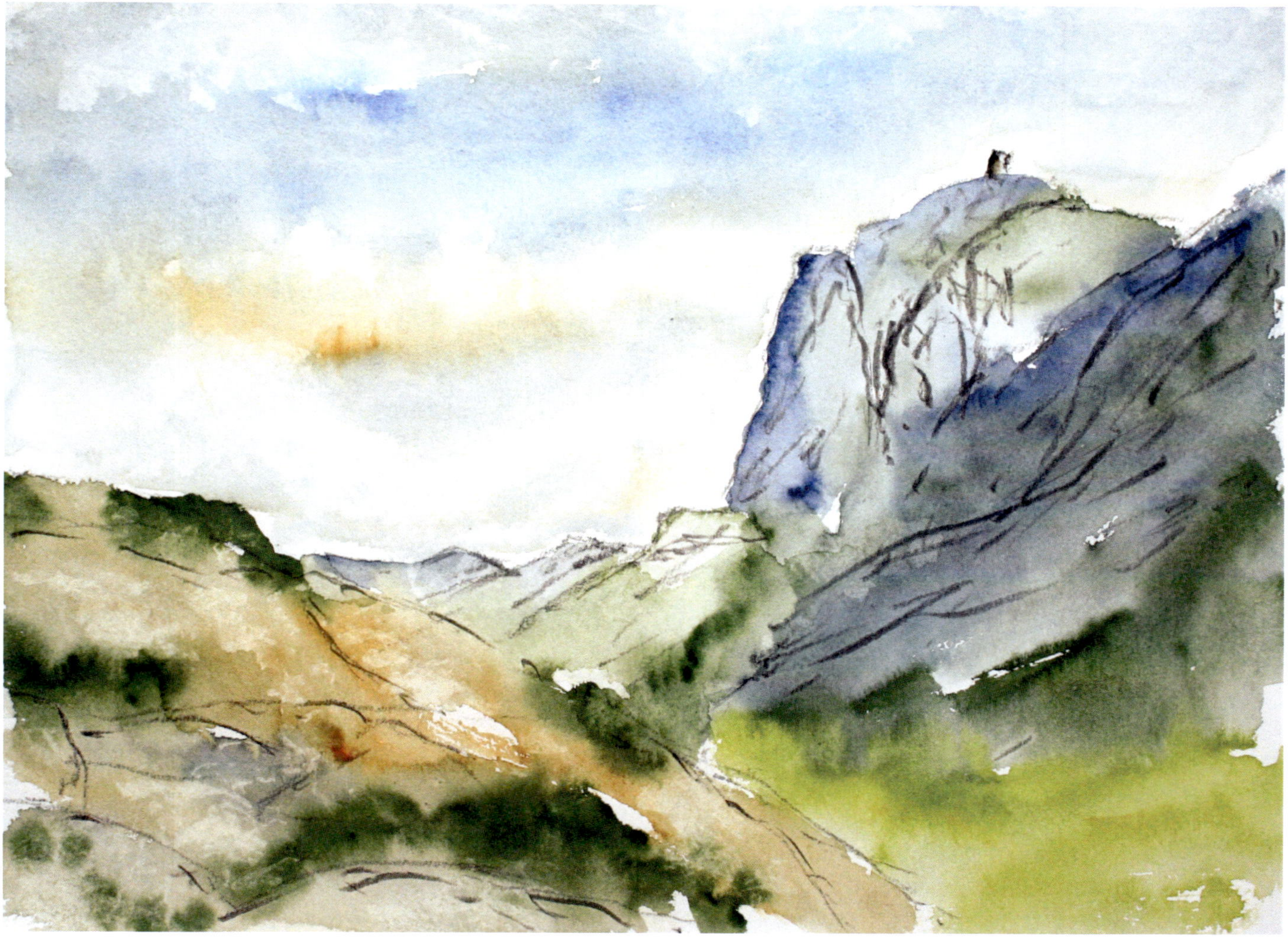

Wandere in Richtung Meer durch niedrigwachsendes Macchia-Gelände. An einigen Stellen fallen mir bizarre Zwergpalmen und Aleppokiefern auf, die sich bis in die Höhenzüge an den Felsrändern verwurzelt haben. Ein durch Wind und Wetter geprägtes mediterranes Landschaftsbild.

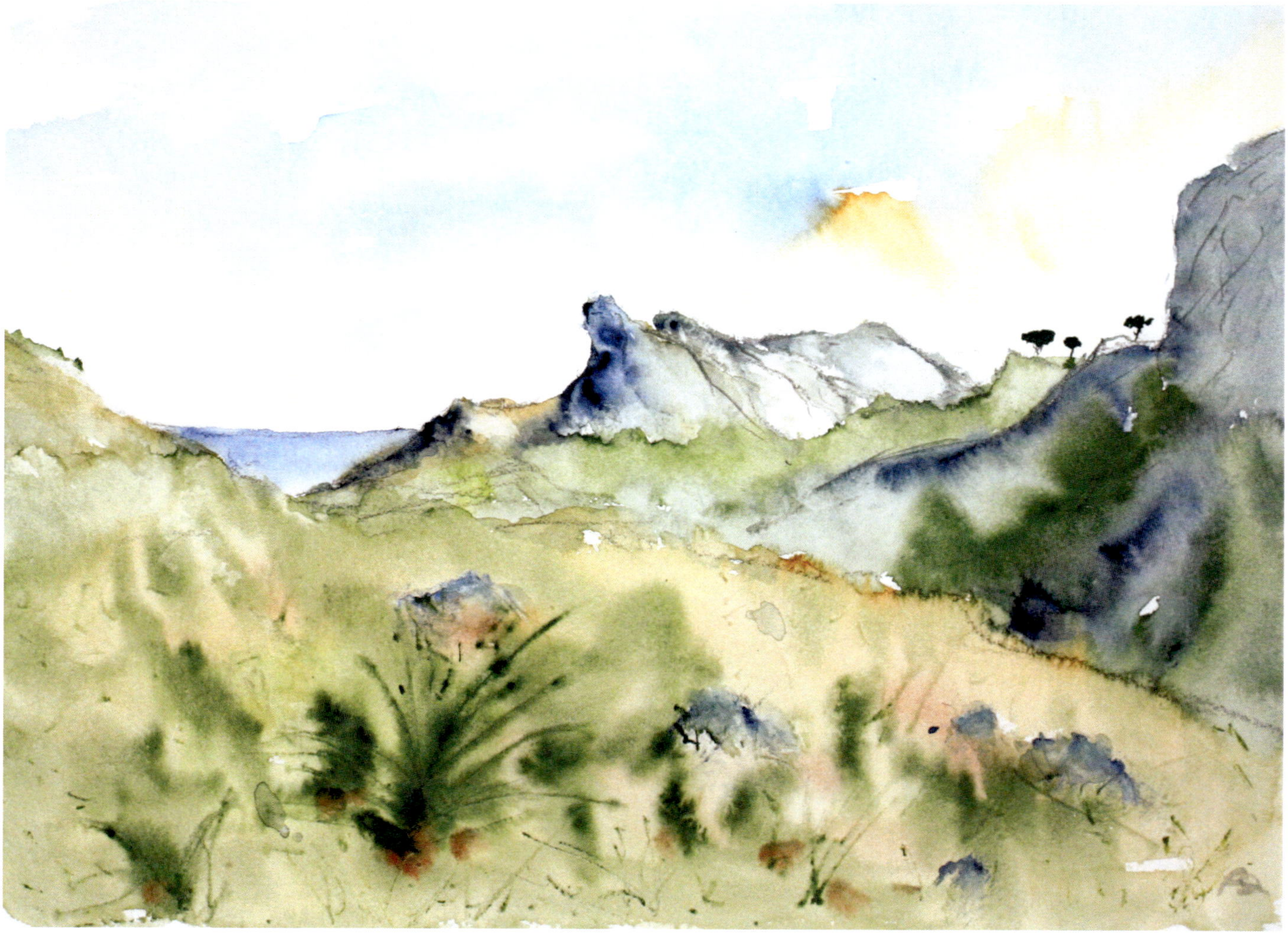

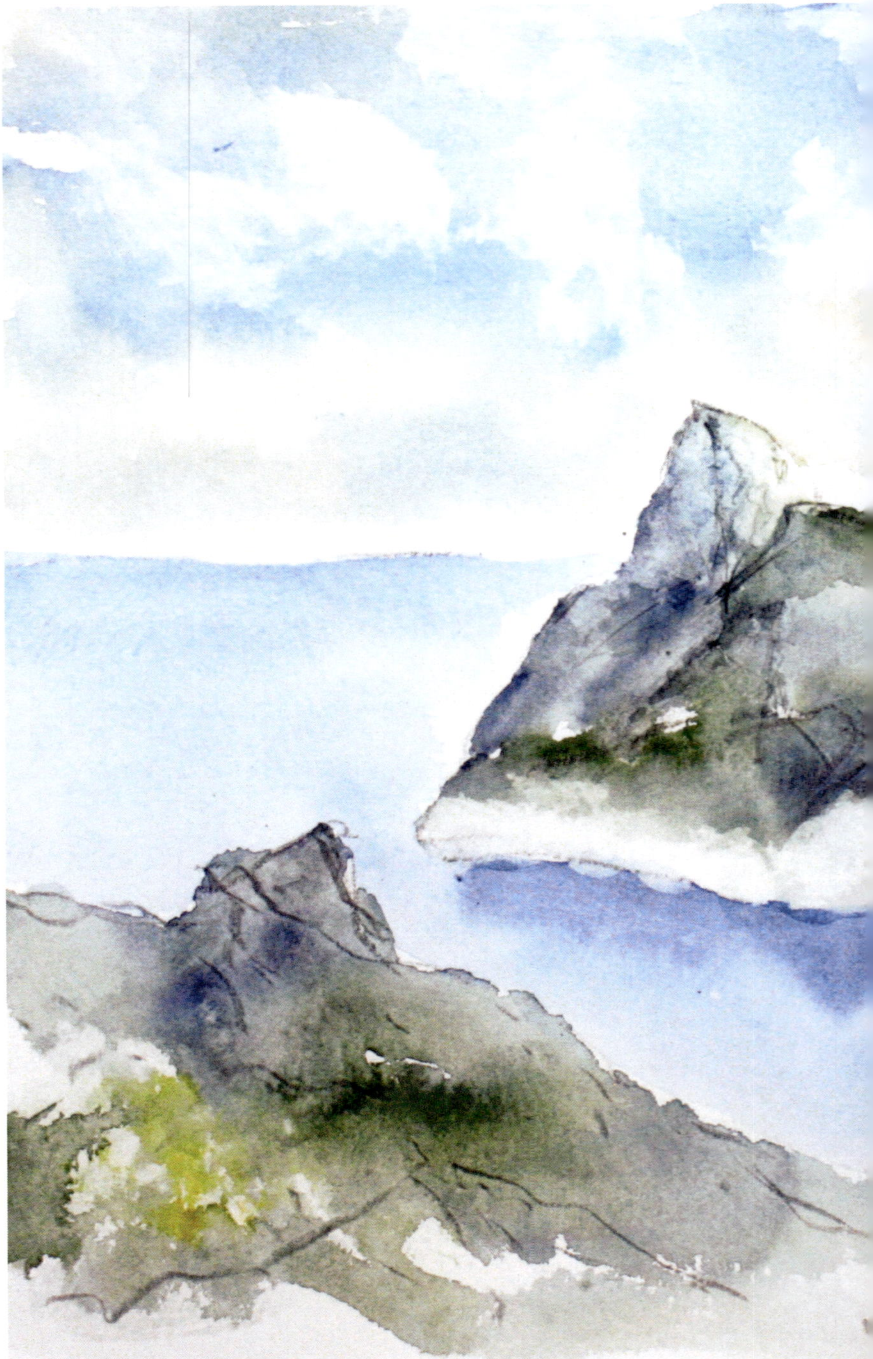

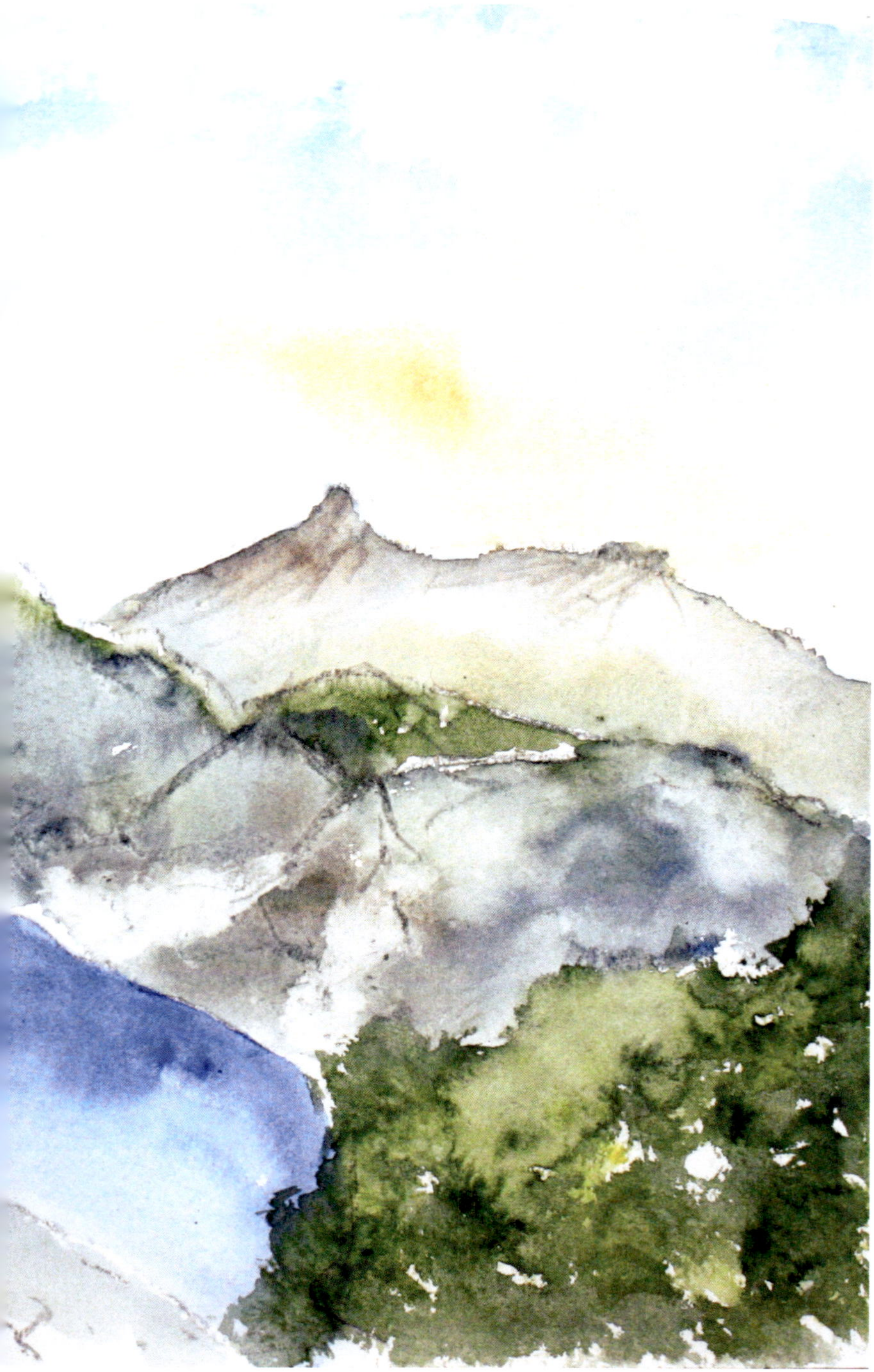

Mirador de Sa Creueta

Vor mir der steilaufragende Felsen und Aussichtspunkt Mirador de Sa Creueta. Ein schmaler Pfad lädt mich zum Aufstieg ein. Wandere zwischen kleinwüchsigen, teilweise stachligen Stauden und Sträuchern vorbei. Versuche an den glatten Steinen und Stufen, die den Pfad markieren, nicht auszurutschen. Immer zu Boden schauend. Überall grüntupfige mediterrane Vegetation, die den scharfkantigen Steinen hier oben die optische Härte entzieht. Unter mir an den Seitenrändern des Weges die Tiefe des Meeres, zieht mich irgendwie nach unten. Kein Weg für Wanderer mit Schwindelgefühlen. Versuche, den Blick nach oben zu richten, mit dem Ehrgeiz verbunden, die Aussichtsplattform des 232 m hohen Felsens zu erreichen.

Hier oben dann ein grandioser Ausblick. Fast endlose Weite. Das Blau des Wassers unter mir verbindet sich mit der Luftigkeit des Himmels.
Empfinde ein ätherisches Gefühl.

Beim Abstieg begleitet mich der Duft der in den Felsspalten gewachsenen Kräuter und der inzwischen auffrischende Wind. Versuche, dieses Gefühl des soeben Erlebten ins Aquarell aufzunehmen.

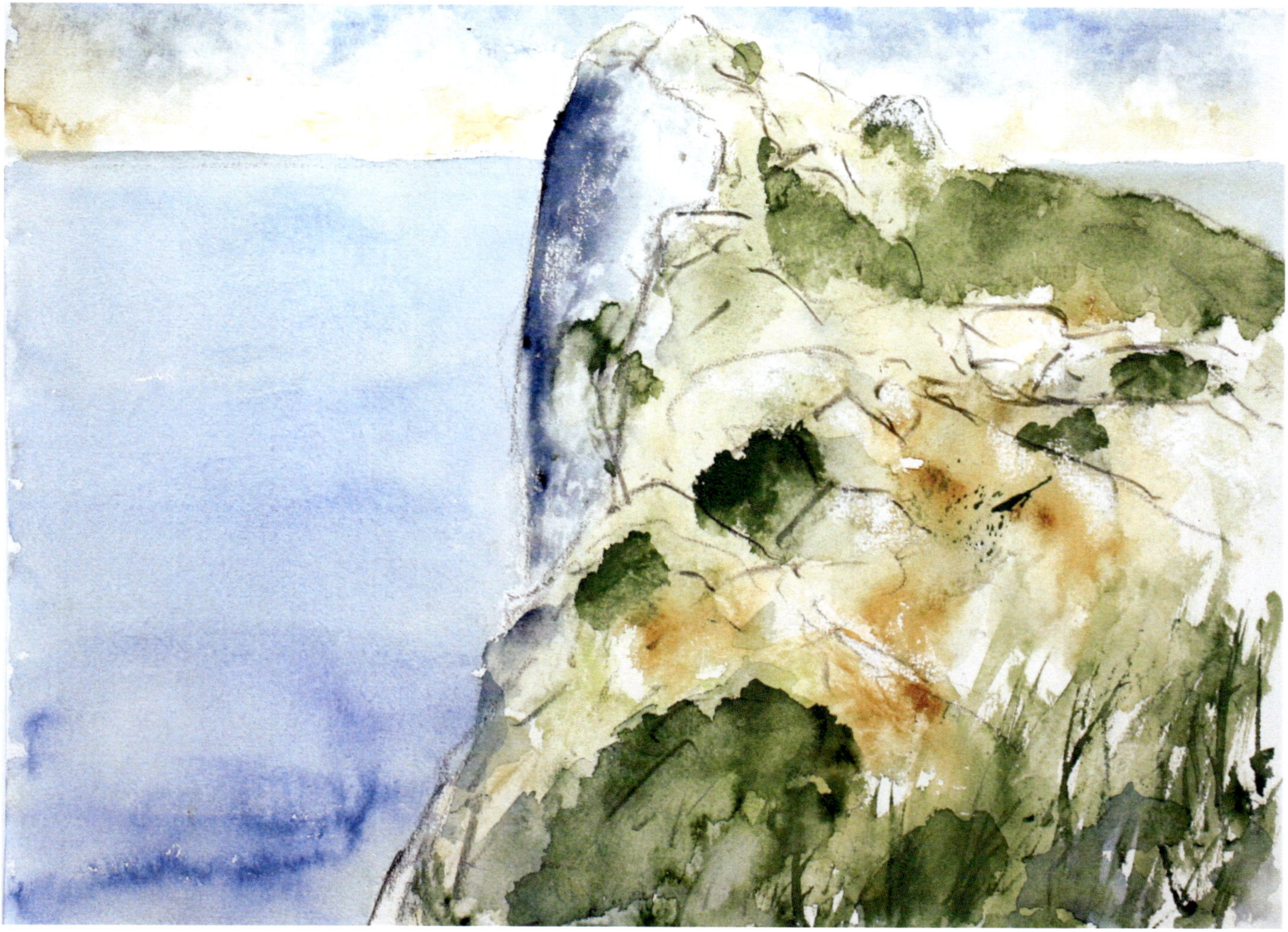

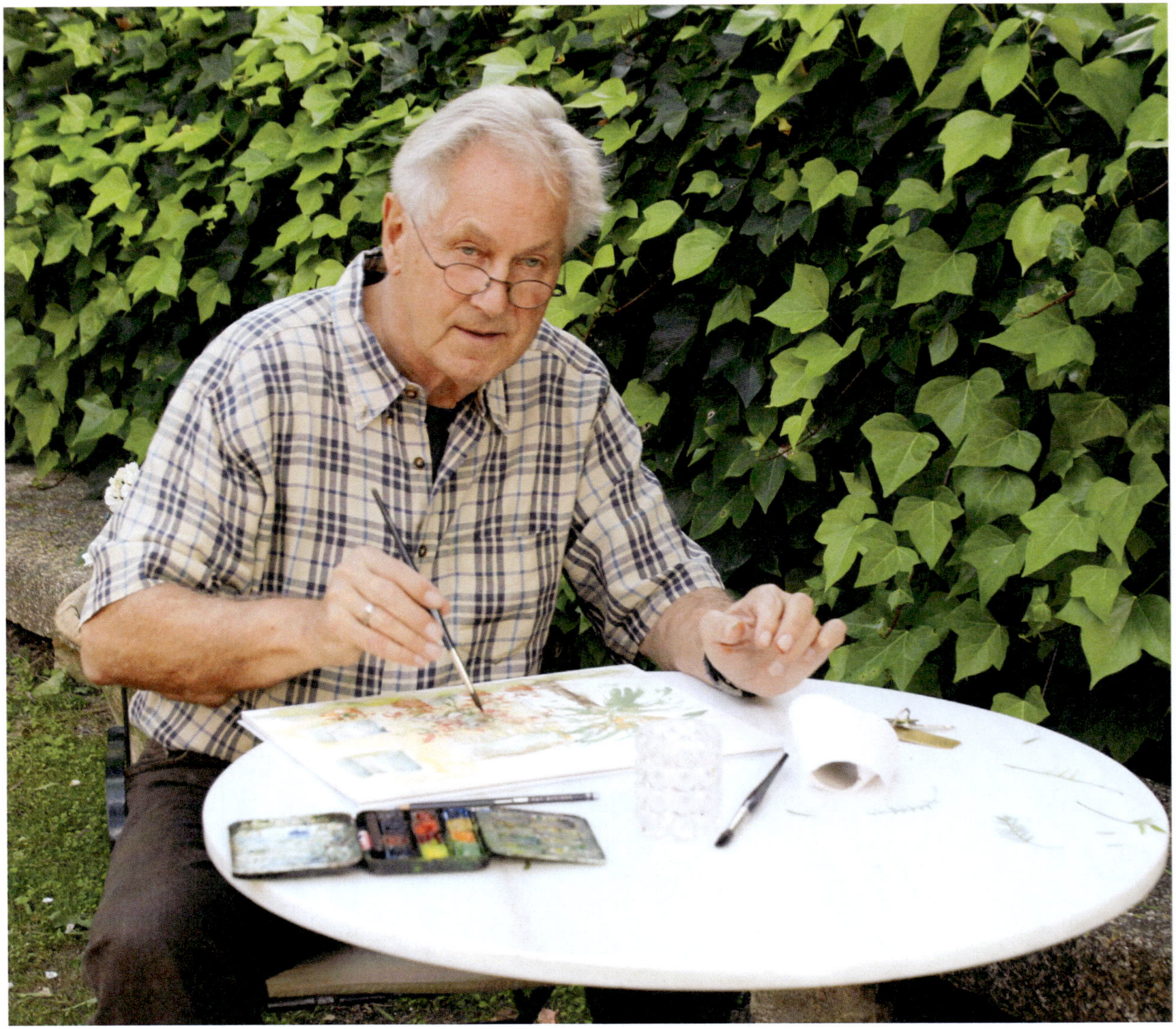

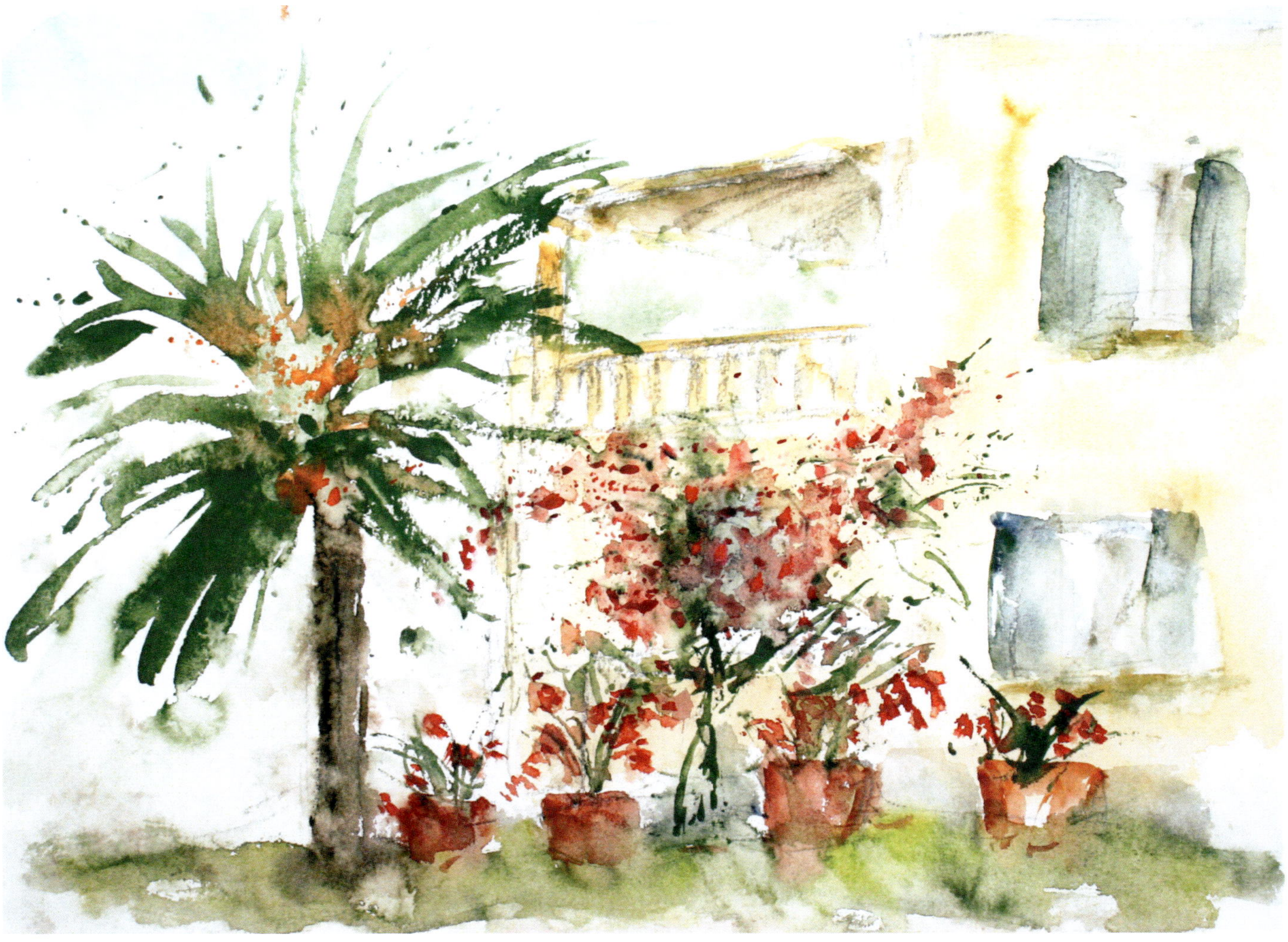

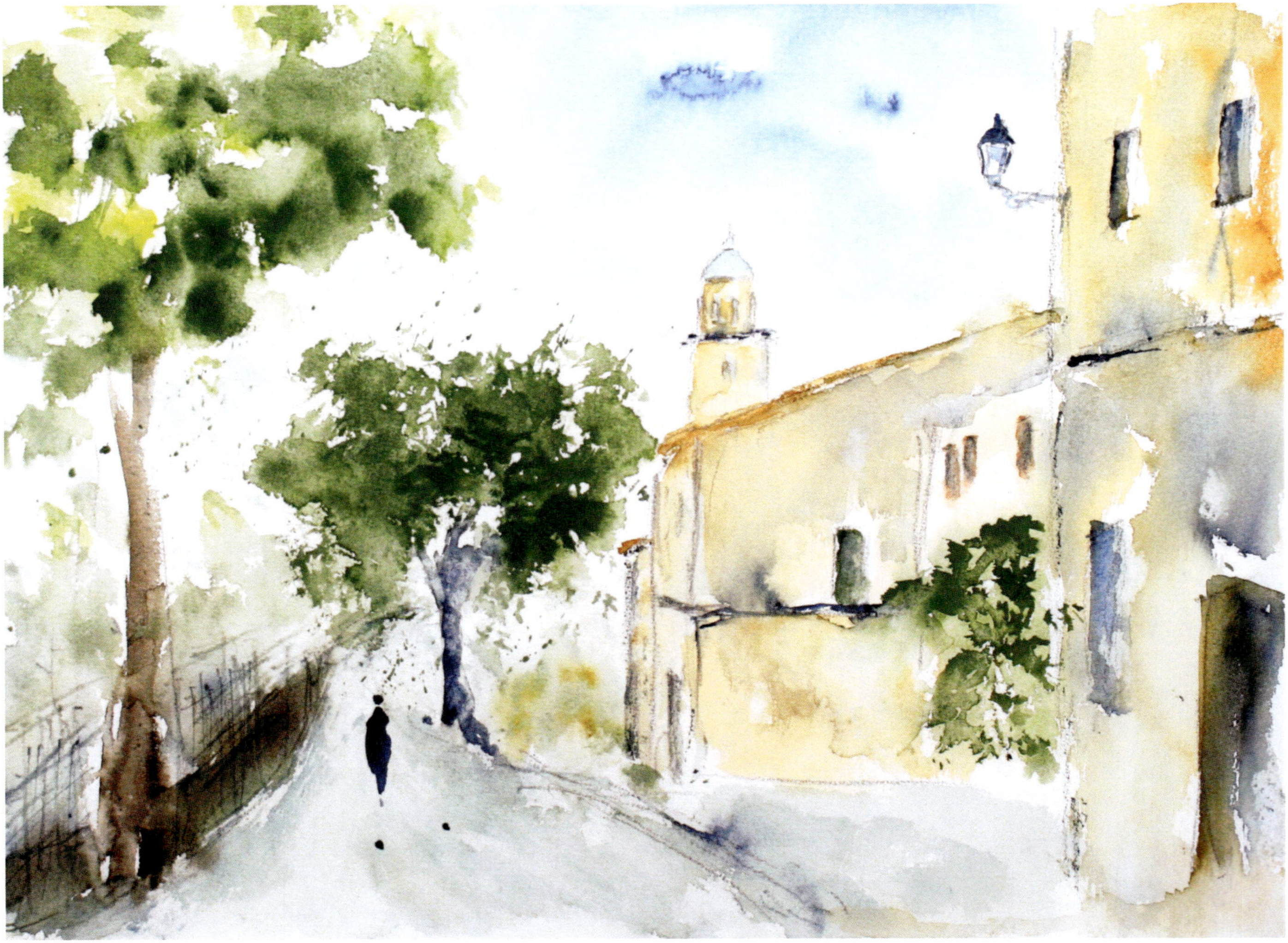

Hans-Jürgen Gaudeck

1941 Geboren in Berlin
1966 Dipl. Betriebswirt
1987 Eintritt in die Künstlergruppe MEDITERRANEUM

Einzelausstellungen u.a.: Schloss Sacrow-Potsdam, Schloss Ribbeck, Galerie Alte Schule Ahrenshoop, Haus des Rundfunks Berlin, Kokon-Lenbach-Palais München, Galerie Klosterformat Rostock, Museum Neuruppin, Griechische Kulturstiftung, BuchKunst Usedom, Kulturzentrum Rathenow, Pinakothek Korfu, Literaturmuseum Theodor Storm Heiligenstadt, Fabularium Magdeburg.

Gaudeck unternahm viele Reisen in europäische, asiatische, afrikanische Länder und in die USA.

Bücher – eine Auswahl:
Auf Reisen – Wege zum Aquarellieren; Perlen der Ostsee; Eva Strittmatter – Märkischer Juni; Eva Strittmatter – Und Liebe liebt niemals vergebens; Theodor Fontane – Ein weites Land; Von London bis Pompeji mit Theodor Fontane; Rainer Maria Rilke – Oh hoher Baum des Schauns; Masuren – Land der Stille; Norwegen – Faszination Hurtigruten; Hans Fallada – Ich weiß ein Haus am Wasser; Antonio Vivaldi – Die vier Jahreszeiten; Joseph von Eichendorff – Wenn die Bäume lieblich rauschen; Theodor Storm - Wie fließend Silber funkelte das Meer, Johann Wolfgang von Goethe – Es dringen Blüten aus jedem Zweig, Der Wald, der Wald … Von Heine bis Hölderlin.

Seine Werke befinden sich in privaten und öffentlichen Kunstsammlungen, u.a. Rundfunk Berlin Brandenburg und Norddeutscher Rundfunk.

Fernsehfilme über den malerischen Dialog mit Theodor Fontane und Eva Strittmatter.

www.gaudeck.com

Bibliographie

Georg Sand:
Ein Winter auf Mallorca
Herausgegeben und ins Deutsche übertragen von Ulrich C. A. Krebs,
Büchergilde Gutenberg 1975.

Die Originalausgabe erschien 1842 bei
Hyppolyte Soouverain, Paris,
unter dem Titel »Un Hiver á Majorque«.